Das
Bioland-
Kochbuch

Silke von Küster

Das Bioland-Kochbuch

Rund ums Jahr genießen im Einklang mit der Natur

FALKEN

s
p

Inhalt

Gesunder Genuß im Einklang mit der Natur

Rezeptteil

Anhang

Gesunder Genuß im Einklang mit der Natur

Heimisches Kochvergnügen rund ums Jahr

Nur wer gerne kocht, sich der Zubereitung und dem Essen mit Lust und Liebe widmet, der wird auch gut kochen. Das zeigt die Erfahrung. Aber was heißt „gut kochen"? Manche verbinden damit die aufwendige und raffinierte Gourmetküche, andere eine ländlich-herzhafte Alltagsküche. Für immer mehr Menschen jedoch heißt „gut" mittlerweile auch „gesund".

Harmonischer Dreiklang aus Genuß, Gesundheit und Ökologie

Gesundes Essen bedeutet schon lange nicht mehr, daß man sich strengen Ernährungsrichtlinien unterwerfen und dabei völlig auf Genuß verzichten muß. Gesund essen, das heißt: den Gaumen vielseitig, phantasievoll und auf immer wieder neue Art verwöhnen! Erzeugnisse aus ökologischem Landbau erfüllen alle Erwartungen, die wir an eine moderne, genußorientierte Ernährung stellen. Sie sind im Einklang mit der Natur erzeugt und schonend verarbeitet. Kein Wunder also, daß sie auch gut schmecken! Die Bioland-Küche führt quer durch alle Anbauregionen des Landes. Sie tischt vergessene Gemüsesorten auf, die mittlerweile wieder auf Feldern und in Gärten wachsen. Sie zeigt, daß Fleisch aus artgerechter Tierhaltung eine echte Alternative zu Erzeugnissen aus der Massentierhaltung ist. Traditionelle Gerichte, die ganz typisch für einen bestimmen Landstrich sind oder die mit den fast vergessenen Gemüsesorten zu wahren Delikatessen werden, haben in der Bioland-Küche ihren Platz gefunden. Aber auch Gerichte, die wir aus der vollwertigen Ernährung kennen und jene, deren Zutaten charakteristisch für eine bestimmte Saison sind, gehören dazu.
Die Bioland-Küche stellt also eine ausgewogene Mischung aus Genuß, Gesundheit und Ökologie dar. So können Sie das ganze Jahr über gut kochen und gesund genießen.

Ökologischer Landbau – was steckt dahinter?

Auch in der ökologischen Landwirtschaft ist der Einsatz von Maschinen unverzichtbar

Bioland steht für eine ökologisch und sozial verträgliche Landwirtschaft. Bäuerinnen und Bauern, Gärtnerinnen und Gärtner, die diesem oder anderen ökologischen Anbauverbänden angehören, begreifen ihren Betrieb als ein vielseitiges Ganzes, in dem Boden, Pflanzen, Tiere und Mensch in einem ständigen Wechselspiel stehen, sozusagen in einem Kreislauf miteinander verbunden sind.

Kreislaufwirtschaft – von der Natur abgeschaut

Es leuchtet ein, daß nur fruchtbarer Boden die Basis für einen stabilen Kreislauf bilden kann. Deshalb ist die Bodenfruchtbarkeit das eigentliche Kapital des ökologischen Landbaus. Biobauern sind daher darauf bedacht, das Bodenleben – Millionen von Bakterien und Pilzen, Würmern, Käfern und anderen Kleinstlebewesen – zu erhalten. Damit dies gewährleistet ist, arbeiten sie Ernterückstände und organischen Dünger, wie Mist oder Kompost, der auf dem eigenen Hof anfällt, in den Boden ein. Mit Zwischenfrüchten und Untersaaten, wie Kleegras, wird zudem das Bodenleben gefördert. Die wasser- und nährstoffspeichernden Humusbestandteile dienen somit den Pflanzen als langsam fließende Nährstoffquelle. Pflanzen entziehen dem Boden für ihr Wachstum unter anderem Stickstoff. Bioland-Bauern dürfen diese Lücke jedoch nicht durch zugekauften Stickstoffdünger schließen; sie nutzen statt dessen den Dünger von ihren Tieren. Zudem bauen sie stickstoffsammelnde Pflanzen, wie Klee und Luzerne. Auf synthetische Pflanzenbehandlungsmittel wird bei Bioland völlig verzichtet. Mit Getreide- und Gemüsesorten, die dem jeweiligen Standort angepaßt sind, mechanischer Unkrautregulierung sowie der Förderung von Nützlingen versuchen die Bioland-Landwirte, übermäßigen Schädlingsbefall in Zaum zu halten.

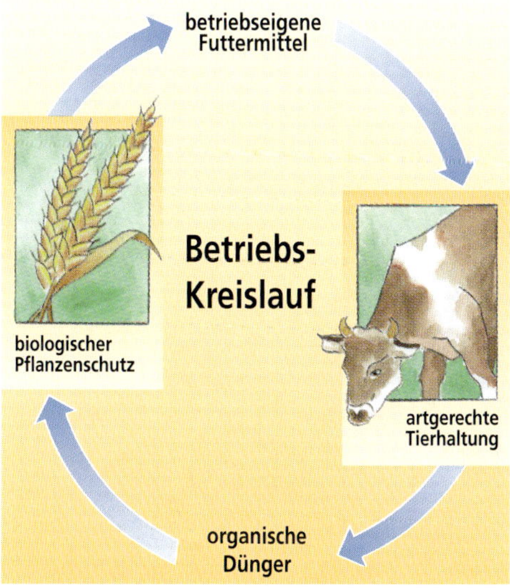

Der Betriebskreislauf nimmt auf Bioland-Höfen eine zentrale Stellung ein

Tiere wachsen auf Bioland-Höfen in artgerechter Haltung auf. Bei der Fütterung sind herkömmliche Fertigfuttermischungen, Tierkörpermehle oder Importfutter aus der Dritten Welt grundsätzlich verboten.
Auf Bioland-Höfen werden mehr RInder und Schafe gehalten als Schweine, die in unmittelbarer Nahrungskonkurrenz zum Menschen stehen. Denn auch bei der Tierhaltung beachten die Bauern ein weiteres Grundprinzip der ökologischen Landwirtschaft: Tiere sollen nicht solche Nahrungsmittel beanspruchen, die zur Ernährung von Menschen dienen können. Gras und Klee sind für uns Menschen ungenießbar. Für Rauhfutterverwerter, wie Rinder und Schafe, jedoch bilden sie die Futtergrundlage. Sie weiden auf Grünland, das für den Ackerbau nicht mehr taugt. So werden Flächen, die ansonsten brachliegen würden, sinnvoll für Milch- und Viehwirtschaft genutzt.
Ökologische Landwirtschaft ist also weit mehr als der bloße Verzicht auf chemisch-synthetische Stickstoffdünger oder Pflanzenbehandlungsmittel.

Durch die Haltung auf Weiden haben die Tiere mit Gräsern, Klee und Kräutern stets frisches und abwechslungsreiches Futter

Bioland-Bauern praktizieren organisch-biologischen Landbau und können mit wachsender Erfahrung die Eigenschaften von Boden, Pflanzen und Tieren immer besser fördern und nutzen. Das Ergebnis sind hochwertige Lebensmittel, ob pflanzlicher oder tierischer Herkunft, die für unbedenklichen Genuß bürgen und die sich geschmacklich von Produkten aus konventioneller Erzeugung abheben.
Somit wirtschaften die Bauern „nachhaltig" und zwar so, daß die natürlichen Lebensgrundlagen für kommende Generationen bewahrt werden und erhalten bleiben.

Vertrauen ist gut – Kontrolle ist wichtig

Produkte, die nach Bioland-Richtlinien erzeugt wurden, erkennt der Verbraucher an dem Bioland-Warenzeichen. Doch nicht jeder Bauer oder Gärtner kann seine Erzeugnisse mit diesem Zeichen schmücken, denn es wird nur an anerkannte Bioland-Höfe oder -Gärtnereien vergeben.
Wenn ein Landwirt Mitglied bei Bioland werden will, muß er seinen gesamten Betrieb umstellen. Nach Ablauf von drei Jahren wird er dann als Bioland-Hof anerkannt. Regelmäßige Kontrollen durch unabhängige staatlich zugelassene Kontrollstellen stellen sicher, daß die Betriebe auch tatsächlich nach den Bioland-Richtlinien wirtschaften. Diese Maßnahmen zielen darauf, das Vertrauen, das die Verbraucher in die Lebensmittel und in deren Erzeuger setzen, zu stärken. Denn bei festgestellten Mängeln werden Auflagen verhängt. Verstöße gegen die Richtlinien ahndet der Verband mit Maßnahmen, die bis zum Ausschluß reichen.

Produkte aus ökologischem Anbau bringen Abwechslung in den Speiseplan

Was bringt Bioland auf den Tisch?

Lebensmittel aus ökologischem Landbau sind heutzutage in einer ausgewogenen, gesunden Ernährung unverzichtbar. Viel frisches Gemüse und Obst gehören ebenso dazu wie Kartoffeln, herzhafte Vollkornprodukte und Hülsenfrüchte. Hinzu kommen tierische Erzeugnisse, wie Milch und Milchprodukte, Eier sowie Fleisch aus artgerechter Tierhaltung und, nicht zu vergessen, Nahrungsmittel, die nach ökologischen Gesichtspunkten verarbeitet wurden.
Essen soll aber nicht nur der Gesundheit dienen, es soll auch schmecken! Mit Bioland-Produkten läßt sich der Speiseplan vielseitig gestalten und das ganze Jahr über abwechslungsreich kochen. Das Essen macht Spaß, und es schmeckt kleinen und großen Genießern am Tisch!
Die Palette der Bioland-Erzeugnisse umfaßt alles, was wir für unsere tägliche Ernährung brauchen. In den folgenden Abschnitten lesen Sie, was das Besondere an diesen Produkten ist und was sie so unvergleichbar gut macht.

Kartoffeln – vom Kellerkind zum Küchenliebling

„Schön rötlich die Kartoffeln sind
Und weiß wie Alabaster!
Und sind für Mann und Frau
und Kind
Ein rechtes Magenpflaster."

Schon vor rund 200 Jahren wußte der Dichter Matthias Claudius ein Loblied auf die beliebte Knolle zu singen. Inzwischen geben auch Ernährungsexperten ein eindeutiges Plädoyer für die Kartoffel ab, denn ihr Schattendasein als Speise der Armen und ihr Ruf als Dickmacher gehören der Vergangenheit an: Die kalorienarme Knolle ist reich an wertvollen Inhaltsstoffen, wie Ballaststoffe, Vitamine und Mineralstoffe.
Auf Bioland-Höfen kommen nur robuste Kartoffelsorten zur Aussaat, die widrigen Klimaeinflüssen und Schädlingen auch ohne chemische Hilfsmittel standhalten. Und da aromatische Kartoffeln nur in gesundem, schonend bearbeitetem Boden gedeihen, bekommen Bioland-Kartoffeln eigens ein „Saatbett" aus Mist gerichtet, in dem sie heranreifen.

Robuste Kartoffelsorten benötigen zum Heranreifen keine Pflanzenbehandlungsmittel

Natürliches Sonnenlicht ist für die Qualität von Gemüse und Obst einfach wichtig. Daher werden die meisten Gemüsesorten, wie hier die Radieschen, in Freilandkultur gezogen

Kartoffeln sind aus deutschen Küchen nicht mehr wegzudenken. Es gibt keine Region, die nicht mit einem speziellen Kartoffelgericht aufwartet, sei es der rheinische Kartoffelkuchen, die schwäbischen Schupfnudeln oder die bayerischen Klöße. Und wenn es einmal weniger aufwendig sein soll, sind die braunen Knollen nach wie vor eine wunderbare Beilage zu köstlichen Gerichten aller Art …

Die Vielfalt der Kürbissorten bietet sowohl für das Auge als auch für den Gaumen höchsten Genuß

„Unser" Gemüse – vor vielen Jahrhunderten eingewandert

Wer hätte gedacht, daß Tomaten aus Zentralamerika, Gurken aus Burma, Karotten aus Vorderasien, Zwiebeln und Rettich sogar aus China stammen? Bei uns, wie in den meisten Ländern der Nordhalbkugel, gab es nämlich nur wenige ursprünglich heimische Gemüsesorten. Völkerwanderungen und Eroberungszügen haben wir es zu verdanken, daß sich die bunte Vielfalt über den ganzen Globus ausgebreitet hat und auch in unseren Gärten heimisch wurde.
Viele Neuzüchtungen verdrängen die traditionellen Gemüsesorten, die hierzulande prächtig gedeihen und im Laufe der Jahre die regionale Küche entscheidend geprägt haben. Viele Bioland-Gärtner bauen deshalb wieder Gemüse an, das in Vergessenheit geraten ist. Pastinaken, Mangold, weiße Rübchen und Rauke – Sorten, die oft nur noch unsere Großeltern kennen – erleben hier eine wahre Renaissance und werden heute wieder und gerade von jungen Genießern als kostbare Delikatessen geschätzt.
Wer sich Gedanken um die Schadstoffbelastung von Gemüse und von konventioneller Babykost macht, sollte zu Produkten aus ökologischem Anbau greifen. Mit frischem Gemüse lassen sich auch schon für die Kleinen Breie und Pürees zubereiten, und für unterwegs oder wenn es mal schnell gehen soll, gibt es Gläschenkost aus Bioland-Produktion.
Wurde Gemüse noch bis vor kurzem eher als Beilage an den Tellerrand gedrängt, so entwickelt es sich heutzutage zum Hauptgericht oder zumindest zur Hauptbeilage. Wer kann schon widerstehen, wenn der zarte Spargel und knackige Radieschen als erste Frühlingsboten grüßen, Zucchini und Aubergine im Sommer für mediterranes Flair sorgen, und im Herbst der runde Kürbis orange auf den Marktständen leuchtet? Aus gutem Grund ist Gemüse so beliebt, denn es schmeckt nicht nur gut, es ist mit seinen Ballaststoffen, Vitaminen und Mineralstoffen auch ein wertvoller Baustein in einer vollwertigen Ernährung.

Saisonkalender für Gemüse

Der Kalender auf der nächsten Seite zeigt Ihnen das saisonale Angebot der einheimischen Gemüsesorten. Je nach Region bauen manche Bioland-Gärtner noch weitere Sorten an. Erkundigen Sie sich am besten vor Ort danach, wann die erntefrischen Gemüsesorten am besten schmecken.

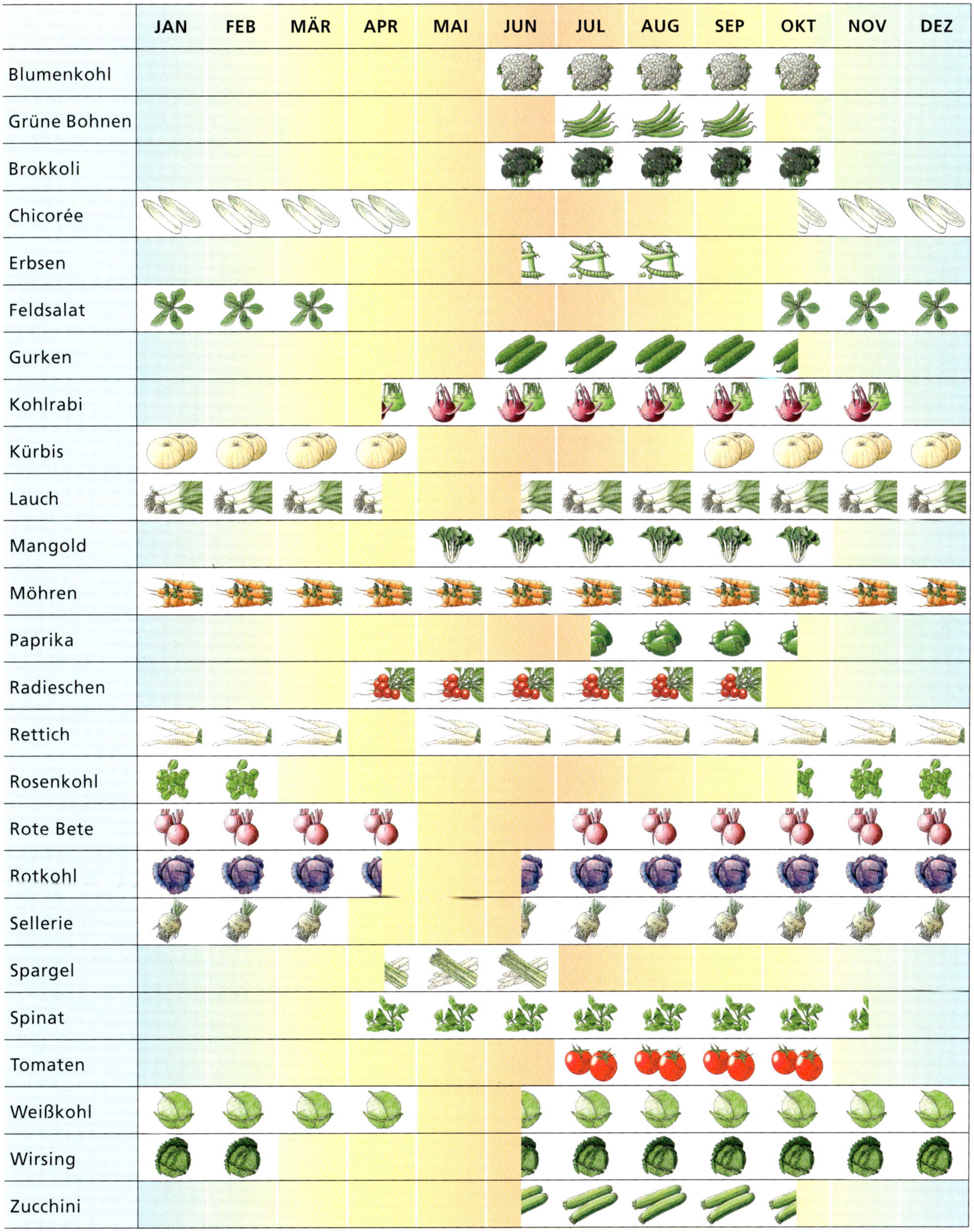

JAN
FEB
MÄR
APR
MAI
JUN
JUL
AUG
SEP
OKT
NOV
DEZ
Blumenkohl
Grüne Bohnen
Brokkoli
Chicorée
Erbsen
Feldsalat
Gurken
Kohlrabi
Kürbis
Lauch
Mangold
Möhren
Paprika
Radieschen
Rettich
Rosenkohl
Rote Bete
Rotkohl
Sellerie
Spargel
Spinat
Tomaten
Weißkohl
Wirsing
Zucchini

Streuobstwiesen sind überaus wertvolle Ökosysteme

Nistkästen fördern die Ansiedlung verschiedener Vogelarten

Bäumchen schüttel dich!

Streuobstwiesen mit ihren hohen Apfel-, Birnen- und Zwetschgenbäumen bieten zur Erntezeit eine bunte Palette fruchtiger Köstlichkeiten. Sie tragen zur Erhaltung der Vielfalt unserer einheimischen Obstsorten bei und sind zugleich äußerst wertvolle Ökosysteme. Bioland-Obstanlagen bieten daher stets Lebensraum für verschiedene Tiere und Pflanzen. Nistkästen locken Vögel an, blühende Kräuter wiederum beherbergen und ernähren Insekten, Spinnen und andere Nützlinge. Ihre Gesamtheit trägt dazu bei, das ökologische Gleichgewicht der Obstwiesen und die Vielfalt aller heimischen Obstsorten zu erhalten.
Erdbeeren, Kirschen, Stachelbeeren, Äpfel, Birnen und Pflaumen bieten zur jeweiligen Saison unzählige Anregungen für süße Schlemmereien mit fruchtigen Akzenten. Der runde, knackige Apfel, unser wichtigstes heimisches Obst, nimmt darunter eine besondere Stellung ein. Ob als Tafelobst, getrocknet, gekocht, als Dicksaft oder Apfelkraut, ob als Wein oder Tee – kaum eine andere Frucht läßt sich so vielseitig verwenden wie der Apfel! Da sich Äpfel gut lagern lassen, sind sie den ganzen Winter über wichtige heimische Früchte und machen auch schon einmal den weitgereisten Kiwis und Orangen mächtig Konkurrenz ...

Kräftiges aus der Kornkammer

Unter den acht Getreidesorten sind der Weizen und der Roggen unsere bekannten heimischen Brotgetreide. Dinkel, eine Urform des Weizens, eignet sich dank seiner Robustheit für den ökologischen Landbau sehr gut. Besonders Baden-Württemberg ist für seinen Dinkelanbau bekannt. Durch eine spezielle Form des Trocknens über Buchenholz, das Darren, wird der unreif geerntete Dinkel zum aromatischen Grünkern. Eine besondere Bioland-Spezialität ist Dinkelino, bei dem die geschälten Dinkelkörner bereits gedämpft und leicht angewalzt sind, so daß die Quellzeit wegfällt. Wer denkt, daß mit Brot und Kuchen die Verwendungsmöglichkeiten von Getreide bereits ausgeschöpft sind, der hat weit gefehlt!

Mittlerweile bereichern Getreidegerichte von deftigen Eintöpfen, knusprigen Bratlingen über würzige Aufläufe bis zu Desserts unsere Küche. Besonders als Vollkornprodukte kommen die kleinen, goldgelben Körner groß raus, denn im Keimling und in den Randschichten stecken hochwertige Fettsäuren, Ballaststoffe, Vitamine und Mineralstoffe, die für eine gesunde Ernährung ganz wichtig sind.

Milchfrische Ideen und mehr

Milch – eines unserer hochwertigsten Lebensmittel – enthält fast alle Nährstoffe, die wir brauchen. Ohne Milch oder Milchprodukte kann der Mensch beispielsweise seinen Bedarf an Kalzium, das er für Knochen und Zähne benötigt, kaum decken. Wer keine Milch verträgt oder mag, kann sich die Vorzüge des „weißen Golds" mit Quark, Joghurt, Dickmilch oder Käse aneignen.
Ob Milch oder Sahne, beide sind aus der feinen Küche nicht mehr wegzudenken. Sie runden den Geschmack von Saucen ab und vertuschen auch schon einmal kleine Kochsünden, wenn etwas zu scharf oder zu salzig geworden ist.
Bioland-Milch wird in Hofkäsereien und Molkereien nach traditionellen Verfahren und Rezepten zu Käse weiterverarbeitet. In das Aroma der verschiedenen Käsesorten geht die Artenvielfalt von Gräsern, Klee und Kräutern der Bioland-Weiden ein, das von Kennern sehr geschätzt ist. Auch Joghurt- und Sauermilchspezialitäten aus Bioland-Milch – ob pur gelöffelt oder als cremige Grundlage in Desserts – sind bei jung und alt beliebt.

Gesunde Tiere aus artgerechter Haltung liefern Milch und Fleisch von bester Qualität

Es wird mit Recht ein guter Braten …

Die Lust auf den guten Sonntagsbraten ist vielen durch die negativen Schlagzeilen über Fleisch aus konventioneller Haltung vergangen. Wer nicht völlig auf Fleisch verzichten möchte, findet mit Bioland-Fleisch eine Alternative zu Erzeugnissen aus der Massentierhaltung. Tierhaltung in Maßen, nicht in Massen, das ist die Richtschnur auf Bioland-Bauernhöfen. Hier dürfen nur so viele Tiere gehalten werden, wie die vorhandenen Flächen ernähren können. Sie entstammen sorgfältiger Züchtung, wobei die Richtlinien Genmanipulation und Embryotransfer ausschließen. Von Natur aus widerstandsfähig, brauchen Bioland-Rinder keine vorbeugenden Arzneimittel oder Wachstumsförderer. Zwar dauert es länger, bis die Tiere ihr Schlachtgewicht erreicht haben, doch dafür ist ihr Fleisch ausgereifter und kräftiger in Struktur und Farbe. Spätestens beim Braten merkt man den Unterschied zu herkömmlichem Fleisch …
Bioland-Bauern verkaufen ihr Fleisch auch direkt ab Hof. Anders als in Metzgereien bieten die Bauern dort Pakete mit unterschiedlichen Fleisch-

Wer ein Gemüse-Abo hat, wird regelmäßig mit erntefrischem Obst und Gemüse der Saison beliefert

teilen in Mengen ab 10 oder 20 kg für die Kunden an. Viele kennen die Wünsche ihrer Kundschaft bereits und packen die Fleischteile in kleineren, truhengerechten Portionen ab, damit diese eingefroren werden können. Welche Teile zum Kurzbraten genommen werden können, welche erst nach langem Schmoren ihr Aroma so richtig entfalten, oder welche einer Fleischbrühe den guten Geschmack verleihen – Bioland-Bauern geben gerne ihre Erfahrung weiter und verraten auch schon einmal Geheimnisse, wie der Sonntagsbraten wieder schmeckt …

Wo gibt es Bioland-Produkte?

Viele Bioland-Betriebe organisieren die Vermarktung ihrer Produkte selbst. Andere liefern an Erzeugergemeinschaften, die in der Lage sind, auch Großkunden regelmäßig zu bedienen. Es gehört zum Bioland-Konzept, die Verarbeitung und Vermarktung der Erzeugnisse so weit wie möglich in der Region zu belassen. Gemüse und Obst der Saison werden im optimalen Reifezustand geerntet und gelangen auf kurzen Wegen direkt zum Verbraucher. Das macht die Bioland-Idee für den Verbraucher nachvollziehbar, und spart außerdem unnötige, umweltbelastende Transporte.

Der Direktverkauf, ob auf dem Wochenmarkt, im eigenen Hofladen oder aus dem Verkaufswagen heraus, ist einer der wichtigsten Absatzwege für Bioland-Bauern. Einige Betriebe bieten „Abo-Kisten" an. Sie enthalten – nach individuellen Wünschen zusammengestellt – Gemüse und Obst der Saison und werden regelmäßig ins Haus gebracht. Sicherlich ist auch in Ihrer Nähe ein Bioland-Hof. Im Adressenverzeichnis auf

Biolandprodukte können Sie auch in Naturkostläden einkaufen. Sie erkennen die Läden an dem Symbol an der Eingangstür

Viele Bioland-Bauern betreiben einen Hofladen, in dem Produkte aus eigener Erzeugung angeboten werden

Seite 124 sind alle Bioland-Landesverbände aufgeführt. Dort erhalten Sie auf Anfrage eine Übersicht über Bioland-Höfe in Ihrer Region.
Darüber hinaus bekommt man Bioland-Erzeugnisse in Naturkostläden. Immer mehr Fachgeschäfte, wie Bäckereien und Metzgereien, und sogar größere Nahrungsmittelhersteller steigen um auf die Verarbeitung von Rohstoffen aus ökologischem Landbau. Mit handwerklichem Können und gemäß den Verarbeitungsrichtlinien des Bioland-Verbandes machen sie daraus Nahrungsmittel von besonderem Geschmack und hoher Qualität. Auch einige Supermarktketten führen Bioland-Erzeugnisse, allerdings meist regional begrenzt und oft unter einem eigenen Handelsnamen.
Unbedenklichen Genuß mit Zutaten aus umweltverträglicher Produktion wollen auch zunehmend mehr Betreiber von Restaurants und Kantinen ihren Gästen bieten. Immer öfter stehen Gerichte mit Bio-Produkten auf der Speisekarte, und die Nachfrage steigt. Es hat sich also auch in Fachkreisen herumgesprochen, daß Produkte aus ökologischem Landbau, ob Gemüse oder Fleisch, einfach die besseren Lebensmittel sind …

Vorschläge für Menüs

Für besondere Anlässe haben wir für Sie auf dieser Seite die schönsten Gerichte einer Saison zu vier Jahreszeitenmenüs zusammengestellt. Zusammen mit dem passenden Wein aus ökologischem Anbau wird daraus ein richtiges Festessen, mit dem Sie sich und Ihre Gäste verwöhnen können.

Der Frühling läßt grüßen
Spargelsalat (S. 25)
Kohlrabiauflauf (S. 93)
Vanilleparfait mit gebackenem Rhabarber (S. 116)
Bioland-Winzer Christ aus Nordheim empfiehlt einen halbtrockenen Silvaner.

Herzlich willkommen zur Sommerparty
Eisbergsalat mit Melone (S. 21) und Raukesalat mit Schafskäse (S. 22)
Lammkoteletts (S. 107) mit Gemüsespießen (S. 87) und Folienkartoffeln
Falsches Tiramisu mit Beeren (S. 120)
Bioland-Winzer Rinklin aus Eichstetten empfiehlt dazu einen Spätburgunder rosé.

Bunt sind schon die Wälder
Kürbissuppe (S. 37)
Kartoffelgnocchi mit Pilzragout (S. 90)
und Schwarzwurzel-Möhren-Salat (S. 24)
Birnen-Buttermilch-Creme (S. 123)
Bioland-Winzer Rinklin aus Eichstetten empfiehlt dazu einen Riesling.

Wenn Tannenduft das Haus erfüllt
Pastinakensuppe (S. 39)
Weihnachtsgans (S. 108) mit Vogtländer Klößen (S. 102) und Rotkraut
Honig-Zimt-Eis mit Rotweinfrüchten (S. 119)
Bioland-Winzer Trautwein aus Bahlingen empfiehlt Grauburgunder Spätlese.

Hinweise zu den Rezepten

Alle Zutaten, die Sie für die Zubereitung der Gerichte in diesem Buch benötigen, stammen ausnahmslos aus ökologischem Anbau

- Alle Rezepte lassen sich **ausnahmslos mit Zutaten aus ökologischem Anbau** nachkochen. Obst und Gemüse der Saison, Fleisch und Getreide können Sie aus Bioland-Anbau bei den Ihnen bekannten Stellen einkaufen. Gewürze, Öle, Süßungsmittel und Trockenprodukte, die nicht aus Bioland-Anbau stammen, erhalten Sie im Naturkostladen.
- Zu jedem Gericht im Rezeptteil gibt es eine **Zuordnung zur jeweiligen Jahreszeit**. Diese Klassifizierung stellt sicher, daß Sie alle genannten Zutaten in der jeweiligen Saison hierzulande aus ökologischem Landbau einkaufen können.

Die **Zubereitungszeit** beinhaltet sowohl Vorbereitungszeiten (Putzen, Waschen, Zerkleinern) als auch Gar- bzw. Backzeiten. Alle **Sonderzeiten**, wie Kühl- und Gefrierzeit, sind immer gesondert angegeben. Sie müssen zur Zubereitungszeit hinzugerechnet werden.

Die Rezepte sind für **4 Portionen** berechnet. Ausnahmen sind im Rezeptkopf angegeben. Wenn Sie einen **kleineren Haushalt** zu versorgen haben, teilen Sie die angegebenen Zutatenmengen entsprechend den Personen in Ihrem Haushalt, oder machen Sie ein kleines Gericht zu einem Hauptgericht.

Die angegebenen **Zutatenmengen** beziehen sich immer auf die ungeputzte Rohware. Das erleichtert Ihnen den Einkauf nach der im Rezept genannten Zutatenliste. Bei Stückangaben (z. B. 1 Möhre) wird von einem Stück mittlerer Größe ausgegangen. Bei Teelöffel- und Eßlöffelangaben sind jeweils gestrichene Maße gemeint.

Die **Backofentemperaturen** beziehen sich auf einen normalen Backofen mit Ober- und Unterhitze.

- In den Rezepten wird oft Gemüse- oder Fleischbrühe verwendet. Wir gehen bei den Angaben in der Zutatenliste von selbstgekochten Brühen aus. Wenn es einmal schnell gehen soll, können Sie für die Brühe auch ein Trockenprodukt auf rein pflanzlicher Basis (im Naturkostladen erhältlich) verwenden. Im Gegensatz zu handelsüblichen Instantpulvern enthalten diese Produkte keine Geschmacksverstärker, wie Glutamat, oder tierisches Fett.
  Auf der nächsten Seite finden Sie die beiden Grundrezepte für Fleisch- und Gemüsebrühe.
  Als Grundlage für eine Fleischbrühe können Sie Rinder- oder Lammknochen, Ochsenschwanz oder Fleischreste nehmen. Für eine Gemüsebrühe eignet sich fast jede beliebige Gemüsesorte. Gemüsereste oder Stiele von frischen Gartenkräutern finden in beiden Brühen gute Verwertung. Wenn Sie die Brühen gleich in größeren Mengen zubereiten, können Sie sie portionsweise auf Vorrat einfrieren. Nutzen Sie also ein üppiges Saisonangebot an frischem Gemüse, und achten Sie beim nächsten Fleischkauf ab Hof oder in Ihrer Bioland-Metzgerei auf Suppenfleisch oder Rinderknochen.

Fleischbrühe (ca. 2 Liter)
Zubereitungszeit: ca. 4 Stunden

2 Möhren
1 Stück Knollensellerie (ca. 200 g)
1 Stange Lauch
½ Bund Petersilie, 2 Zweige Thymian
4 Zwiebeln
1½ kg Rinderknochen
3 EL Öl oder Kokosfett
2½ l Wasser
1 EL Salz, 5 schwarze Pfefferkörner

1. Das Gemüse putzen und ebenso wie die Kräuter waschen. Möhren, Sellerie und Zwiebeln schälen und dann ebenso wie den Lauch in grobe Stücke schneiden.
2. Die Rinderknochen in dem Öl oder Fett scharf anbraten. Dann mit dem Wasser ablöschen und zum Kochen bringen. Alles bei mittlerer Hitze zugedeckt etwa 15 Minuten köcheln lassen, dabei den entstehenden Schaum abschöpfen.
3. Nun das Gemüse, die Kräuter und die Gewürze dazugeben und die Brühe etwa 3 Stunden bei mittlerer Hitze kochen lassen. Sie danach durch ein Haarsieb gießen.

Gemüsebrühe (ca. 2 Liter)
Zubereitungszeit: ca. 2 Stunden

1 Petersilienwurzel, 3 Zwiebeln
2 Möhren, 2 Stangen Staudensellerie
1 Stange Lauch, 1 Fleischtomate
100 g Champignons
2 Zweige Thymian
1 EL Liebstöckelblätter
2 EL Butter
2½ l Wasser
2 Lorbeerblätter, 1 TL Salz
5 schwarze Pfefferkörner

1. Das Gemüse putzen, waschen und eventuell schälen. Petersilienwurzel, Zwiebeln und Möhren in grobe Stücke schneiden. Lauch, Sellerie, Tomate und Champignons kleinschneiden.
2. Die Butter in einem großen Topf zerlassen und das vorbereitete Gemüse darin anbraten. Das Wasser angießen und dann das Ganze zusammen mit den Kräutern und Gewürzen zum Kochen bringen.
3. Die Brühe bei mittlerer Hitze etwa 1 Stunde zugedeckt kochen lassen und danach durch ein Haarsieb gießen.

Abkürzungen

TL = Teelöffel
EL = Eßlöffel
Pr. = Prise
g = Gramm
kg = Kilogramm
ml = Milliliter
l = Liter
cm = Zentimeter
°C = Grad Celsius
Ø = Durchmesser

Salate und Rohkost

Bunter Chicoréesalat

Für 4 Portionen

Zubereitungszeit:
ca. 35 Min.

1 Knoblauchzehe

2 EL Apfelessig

1 EL Zitronensaft

4 EL Sonnenblumenöl

1 TL Senf

1 TL Honig

Salz, Pfeffer

1 EL gemischte, gehackte Kräuter (z. B. Petersilie, Zitronenmelisse, Borretsch)

3 Stauden Chicorée

250 g Möhren

3 Frühlingszwiebeln

150 g Gouda (am Stück)

1. Den Knoblauch schälen und durch die Presse drücken. Für das Dressing den Essig mit Knoblauch, Zitronensaft, Öl, Senf, Honig, Salz sowie Pfeffer verrühren und die Kräuter dazugeben.

2. Den Chicorée putzen, waschen und abtropfen lassen. Die Chicoréestauden vierteln und die Strünke keilförmig herausschneiden. Den Chicorée in Streifen schneiden.

3. Die Möhren putzen, unter fließendem Wasser gründlich abbürsten und grob raspeln. Die Frühlingszwiebeln putzen, waschen und in Ringe schneiden. Den Käse in Stifte schneiden.

4. Alle Salatzutaten in eine Schüssel geben, locker miteinander vermengen und das Dressing darunterrühren.
(auf dem Foto: oben)

AM RANDE BEMERKT ...

■ *Bei Chicorée handelt es sich um die veredelte Form der Wilden Zichorie. Einem belgischen Gärtner ist es zu verdanken, daß diese Pflanze in den Küchen Einzug gehalten hat. Er entdeckte nämlich, daß die Wurzeln bei dunkler Lagerung im Winter frische Blätter treiben.*

VARIATION

■ *Wenn Sie diesem Salat eine würzigere Note verleihen möchten, verwenden Sie statt des Goudas eine Käsesorte mit herzhaftem Geschmack, z. B. Emmentaler oder Bergkäse.*

Frühlingsküche

Eisbergsalat mit Melone

Für 4 Portionen

Zubereitungszeit: ca. 30 Min.

3 EL Apfelessig

4 EL Sonnenblumenöl

2 TL Honig

Salz, Pfeffer

2 EL gemischte, gehackte Kräuter (z. B. Petersilie, Zitronenmelisse, Pimpinelle, Borretsch)

1 Kopf Eisbergsalat

1 Salatgurke

½ Honigmelone

8 Tomaten

1. Für das Dressing den Essig mit Öl, Honig, Salz sowie Pfeffer und den Kräutern mischen.

2. Den Salat putzen, waschen, abtropfen lassen und in Streifen schneiden. Die Gurke halbieren und die Kerne mit Hilfe eines Löffels herauslösen. Die Honigmelone entkernen und das Fruchtfleisch von der Schale lösen. Gurke und Melone in Würfel schneiden. Die Tomaten waschen und halbieren.

3. Alle Salatzutaten in eine Schüssel geben und vorsichtig mit dem Dressing mischen.
(auf dem Foto: unten)

Sommerküche

Raukesalat mit Schafskäse

Für 4 Portionen

Zubereitungszeit: ca. 25 Min.

- 1/8 l Traubensaft
- 1/2 TL Senf
- 2 EL Apfelessig
- 1 TL Honig
- 2 EL Sonnenblumenöl
- Salz, Pfeffer
- 600 g Rauke (Rucola)
- 150 g Schafskäse
- 150 g Kirschtomaten
- 2 EL Schnittlauchröllchen
- 2 EL Haselnußblättchen

1. Für das Dressing den Saft mit Senf, Essig und Honig sorgfältig verrühren. Das Öl dazugeben und das Ganze mit Salz und Pfeffer abschmecken.

2. Die Rauke waschen und die Stiele abschneiden. Den Schafskäse in Würfel schneiden. Die Tomaten waschen und halbieren.

3. Die Rauke, den Käse und die Tomaten auf 4 Tellern anrichten. Den Schnittlauch und die Haselnußblättchen darauf streuen. Das Dressing kurz vor dem Servieren auf dem Salat verteilen.

Sommerküche

Bayerischer Rettichsalat

Für 4 Portionen

Zubereitungszeit: ca. 40 Min.

- **2 große Rettiche**
- **1 TL Salz**
- **2 EL saure Sahne**
- **150 g Joghurt**
- **2 EL Zitronensaft**
- **Pfeffer, ½ TL Honig**
- **75 g Wurstaufschnitt**
- **2 säuerliche Äpfel**
- **½ Salatgurke**
- **1 Bund Dill**

1. Die Rettiche waschen, in feine Scheiben hobeln, salzen und etwa 10 Minuten durchziehen lassen. Inzwischen die saure Sahne mit Joghurt, Zitronensaft, Pfeffer und Honig verrühren.

2. Den Aufschnitt in dünne Streifen schneiden. Die Äpfel und die Gurke waschen. DIe Gurke längs halbieren und ebenso wie die Äpfel entkernen und in dünne Spalten oder Scheiben schneiden.

3. Die Rettichscheiben abtropfen lassen und zusammen mit den zerkleinerten Zutaten in eine Schüssel geben. Den Dill waschen, abtupfen, fein hacken und auf die Salatzutaten streuen. Nun das Dressing locker unter den Salat heben und alles vorsichtig vermengen.

AM RANDE BEMERKT …

■ *Seinen scharfen Geschmack erhält der Rettich durch den hohen Gehalt an Senföl.*

VARIATION

■ *Zünftig bayerisch wird dieser Salat natürlich, wenn Sie dafür Leberkäse verwenden. Erkundigen Sie sich bei Ihrem Hofverarbeiter, ob er diese Wurstsorte anbietet.*

Herbstküche

Schwarzwurzel-Möhren-Salat

Für 4 Portionen

Zubereitungszeit: ca. 25 Min.

Für den Salat:

- 300 g Schwarzwurzeln
- 2 EL Apfelessig
- 1 EL Sonnenblumenkerne
- 300 g Möhren
- 1 Zucchini (ca. 150 g)

Für das Dressing:

- Saft von 1 Zitrone
- 3 EL Orangensaft
- 4 EL Sonnenblumenöl
- 1 TL Honig
- Salz, Pfeffer
- 2 EL Kresseblättchen

1. Die Schwarzwurzeln unter fließendem Wasser gründlich abbürsten, dann schälen. Etwas Wasser mit dem Essig mischen und die Schwarzwurzeln für etwa 10 Minuten darin einlegen.

2. Inzwischen die Sonnenblumenkerne in einer trockenen Pfanne rösten. Für das Dressing Zitronen- und Orangensaft mit dem Öl und dem Honig mischen. Mit Salz und Pfeffer abschmecken.

3. Die Möhren und die Zucchini putzen, waschen und grob raspeln. Die Schwarzwurzeln aus dem Wasser nehmen und abtropfen lassen. Sie fein reiben und in einer Schüssel zusammen mit den Möhren- und den Zucchiniraspeln sofort mit dem vorbereiteten Dressing mischen.

4. Den Salat kurz vor dem Servieren mit den gerösteten Sonnenblumenkernen und den Kresseblättchen bestreuen.
(auf dem Foto: oben)

AM RANDE BEMERKT ...

- *Durch das Einlegen in Essigwasser behalten die Schwarzwurzeln ihre weiße Farbe.*
- *Der austretende Saft der Schwarzwurzeln färbt auch Ihre Hände leicht braun. Diese Flecken lassen sich mit Zitronensaft beseitigen.*

Herbstküche

Spargelsalat

Für 4 Portionen

Zubereitungszeit:
ca. 45 Min.

- Salz
- 750 g Spargel
- 2 Eier
- 3 EL Sonnenblumenöl
- 2 EL Apfelessig
- 1 TL Senf
- Pfeffer
- 4 Frühlingszwiebeln
- 4 Radieschen
- 2 EL gehackte Petersilie

1. In einem großen Topf reichlich Wasser mit Salz zum Kochen bringen. Die Spargelstangen schälen und die holzigen Enden abschneiden. Sie dann im geschlossenen Topf bei schwacher Hitze etwa 15 Minuten im Salzwasser ziehen lassen. Den Spargel dann herausnehmen und abkühlen lassen.

2. Inzwischen die Eier hartkochen. Für das Dressing das Öl mit Essig, Senf, Salz und Pfeffer verrühren.

3. Die Spargelstangen in etwa 4 cm lange Stücke schneiden. Die Frühlingszwiebeln putzen, waschen und in feine Ringe schneiden.

4. Die Eier abschrecken, pellen und fein würfeln. Die Radieschen putzen, waschen und in ebenso feine Würfel wie die Eier schneiden. Beides locker miteinander vermischen. Die vorbereiteten Salatzutaten in eine Schüssel geben und mit dem Dressing mischen. Den Salat mit der Eier-Radieschen-Mischung sowie mit der gehackten Petersilie bestreut servieren.
(auf dem Foto: unten)

AM RANDE BEMERKT …

- *Bioland-Senf für das Dressing erhalten Sie unter der Bezeichnung „Herzogen Champagner-Senf" im Naturkostladen.*
- *Den Spargelfond können Sie für die Zubereitung der Spargelcremesuppe (S. 34) nehmen.*

Frühlingsküche

Dinkelino-Rote-Bete-Salat

Für 4 Portionen

Zubereitungszeit: ca. 45 Min.

Für den Salat:

- 600 ml Wasser
- 1 TL Salz
- 100 g Dinkelino
- 100 g Vollkornreis
- 2 rote Beten
- 2 Äpfel
- 1 EL Zitronensaft
- 2 EL Schnittlauchröllchen

Für das Dressing:

- 100 g Joghurt
- 100 g saure Sahne
- 2 TL geriebener Meerrettich
- 1 EL Apfelessig
- Salz, Pfeffer

1. Das Wasser mit dem Salz zum Kochen bringen. Die Hitze reduzieren, Dinkelino und Reis dazugeben und im geschlossenen Topf etwa 20 Minuten quellen lassen.

2. Inzwischen für das Dressing Joghurt, saure Sahne, Meerrettich sowie Essig miteinander verrühren und mit Salz und Pfeffer abschmecken. Die roten Beten und die Äpfel schälen und grob raspeln. Dann mit Zitronensaft beträufeln.

3. Die Dinkelino-Reis-Mischung aus dem Topf nehmen, eventuell abtropfen lassen und etwa 15 Minuten abkühlen lassen. Sie dann zusammen mit den geraspelten Zutaten in eine Schüssel geben. Alles mit dem Dressing mischen und den Salat mit den Schnittlauchröllchen bestreuen.
(auf dem Foto: oben)

AM RANDE BEMERKT ...

■ *Dinkelino ist ein speziell bearbeiteter Bioland-Dinkel. Die vom Spelz befreiten Dinkelkörner sind bereits geschält, gedämpft und leicht angewalzt. So benötigen sie vor der Zubereitung keine Quellzeit.*

Herbstküche

Mairüben-Möhren-Rohkost

Für 4 Portionen

Zubereitungszeit: ca. 25 Min.

- 3 EL Sonnenblumenöl
- 2 EL Apfelessig
- Salz, Pfeffer
- 1 TL Honig
- 1 EL gehackter Dill
- 1 EL feingeschnittener Schnittlauch
- 400 g Mairüben (weiße Rüben)
- 300 g Möhren
- 1 Fenchelknolle
- 4 Blätter Kopfsalat

1. Für das Dressing das Öl mit Essig, Salz, Pfeffer und Honig verrühren und die Kräuter dazugeben.

2. Die Rüben und die Möhren putzen, schälen und grob raspeln. Die Fenchelknolle putzen, waschen und in dünne Scheiben schneiden. Etwas Fenchelkraut beiseite legen.

3. Die Salatblätter waschen und trockentupfen. 4 Teller mit je 1 Salatblatt auslegen und das vorbereitete Gemüse darauf anrichten. Das Dressing auf das Gemüse geben und das Ganze mit dem Fenchelkraut garnieren.
(auf dem Foto: unten)

Frühlingsküche

Rheinischer Sauerkrautsalat

Für 4 Portionen

Zubereitungszeit: ca. 15 Min.

100 g saure Sahne
½ TL Honig
Salz, Pfeffer
600 g rohes Sauerkraut
2 rotschalige Äpfel
2 große Gewürzgurken
1 kleine Zwiebel

1. Die saure Sahne mit dem Honig verrühren und mit Salz sowie Pfeffer würzen. Das Sauerkraut grob zerkleinern und mit einer Gabel auflockern. Die Äpfel waschen, entkernen und in Würfel schneiden.

2. Die Gewürzgurken fein würfeln. Die Zwiebel schälen und in feine Ringe schneiden. Alle Salatzutaten in eine Schüssel geben und mit dem Dressing mischen.
(auf dem Foto: Mitte)

Winterküche

Paderborner Möhrensalat

Für 4 Portionen

Zubereitungszeit: ca. 30 Min.

- Saft von 1 Zitrone
- 3 EL Sonnenblumenöl
- 2 TL Honig
- 150 g Joghurt
- Salz, Pfeffer
- 500 g Möhren
- 1 grüne Paprikaschote
- 2 säuerliche Äpfel
- 3 EL Rosinen
- 2 EL gehackte Petersilie

1. Für das Dressing den Zitronensaft mit Öl, Honig sowie Joghurt verrühren und mit Salz und Pfeffer abschmecken.

2. Die Möhren schälen, in dünne Scheiben schneiden und in reichlich Salzwasser etwa 2 Minuten blanchieren. Sie dann mit einem Schaumlöffel sofort aus der Garflüssigkeit heben.

3. Die Paprikaschote und die Äpfel waschen, halbieren und entkernen. Die Paprikahälften würfeln und die Äpfel in dünne Scheiben schneiden.

4. Diese Zutaten in einer Schüssel mit den Rosinen sowie dem Dressing mischen und den Salat mit der Petersilie bestreuen.

Herbstküche

Topinambursalat

Für 4 Portionen

Zubereitungszeit:
ca. 40 Min.

- 600 g Topinambur
- 4 EL süße Sahne
- 4 EL saure Sahne
- 1 EL Apfelessig
- 1 TL Honig
- Salz, Pfeffer
- 1 rotschaliger Apfel
- 1 EL Zitronensaft
- 150 g Feldsalat
- 2 EL Kerbelblättchen
- 2 EL gemahlene Haselnüsse

1. Den Topinambur waschen und in Salzwasser in 15 bis 20 Minuten bißfest garen. Dann schälen, abkühlen lassen und in etwa 1 cm dicke Scheiben schneiden.

2. Für das Dressing die süße und die saure Sahne mit Essig, Honig, Salz und Pfeffer verrühren. Den Apfel waschen, entkernen und in Würfel schneiden. Mit Zitronensaft beträufeln.

3. Den Feldsalat putzen, sorgfältig waschen und verlesen. Ihn dann zusammen mit den vorbereiteten Zutaten auf 4 Tellern anrichten.

4. Von den Kerbelblättchen etwa 1 Eßlöffel fein hacken und mit den Nüssen unter das Dressing rühren. Es auf die Salatzutaten geben und den Salat mit dem restlichen Kerbel bestreut sofort servieren.

AM RANDE BEMERKT ...

■ *Topinambur ist verwandt mit der Sonnenblume. Die hellbraunen Knollen enthalten viel Inulin, ein stärkeähnliches Kohlenhydrat. Topinambur hat einen angenehmen, nußartigen Geschmack.*

Winterküche

Kohlrabi-Apfel-Rohkost mit Quarkdip

Für 4 Portionen

Zubereitungszeit:
ca. 20 Min.

Für den Quarkdip:

- 300 g Magerquark
- Saft von ½ Orange
- Salz, Pfeffer
- 1 Pr. geriebene Muskatnuß
- 2 EL Olivenöl
- 4 EL Kerbelblättchen

Für die Rohkost:

- 2 Kohlrabi
- 3 säuerliche Äpfel
- Saft von 1 Zitrone
- 75 g Alfalfasprossen

1. Den Quark mit dem Orangensaft, Salz, Pfeffer, Muskat und Öl verrühren. 2 Eßlöffel Kerbelblättchen fein hacken und unter den Quark heben.

2. Die Kohlrabi großzügig schälen und in sehr dünne Scheiben schneiden. Die Äpfel waschen, halbieren, entkernen und in dünne Spalten schneiden. Dann abwechselnd die Kohlrabischeiben und die Apfelspalten kreisförmig auf 4 Tellern anrichten und mit dem Zitronensaft beträufeln.

3. Die Sprossen waschen, abtropfen lassen und auf der Rohkost verteilen. Den Quark in die Mitte der Teller geben und mit den restlichen Kerbelblättchen garnieren.

Herbstküche

Blumenkohl-Birnen-Rohkost

Für 4 Portionen

Zubereitungszeit: ca. 40 Min.

- 1 Banane
- Saft von 1 Zitrone
- Salz, Pfeffer
- Currypulver
- 150 g saure Sahne
- 1 TL Honig
- 2 EL gehackte Mandeln
- 1 Blumenkohl (ca. 500 g)
- 1 feste Birne
- 1 kleiner Kopf Radicchio
- einige Zweige krause Petersilie

1. Für das Dressing die Banane schälen und mit einer Gabel zerdrücken. Das Bananenmus mit dem Zitronensaft, Salz, Pfeffer, Currypulver, der sauren Sahne sowie mit dem Honig verrühren und kräftig abschmecken. Die Mandeln in einer trockenen Pfanne rösten. Sie dann beiseite stellen.

2. Den Blumenkohl putzen und in Röschen teilen, dabei die groben Stiele entfernen. Nun die Blumenkohlröschen waschen, abtropfen lassen und in sehr kleine Segmente zerteilen. Die Birne waschen, halbieren, entkernen und grob raspeln. Die Birnenraspel mit den Blumenkohlröschen mischen und das Dressing darunterheben.

3. Den Radicchio putzen und die Blätter ablösen. Sie waschen und trockentupfen. 4 Teller mit den Radicchioblättern auslegen und die Blumenkohl-Birnen-Rohkost darauf anrichten.

4. Die Petersilie waschen, trockentupfen und die Blättchen von den Zweigen zupfen. Die Rohkost mit den Mandeln bestreuen und mit der Petersilie garnieren.

AM RANDE BEMERKT ...

- *Legen Sie den ganzen Blumenkohl vor der Zubereitung „kopfüber" für einige Minuten in Salzwasser. um Raupen daraus zu vertreiben.*
- *Die Stiele von frischen Kräutern oder Gemüse können Sie für die Zubereitung von Gemüse- oder Fleischbrühe verwenden.*
- *Wenn es einmal schnell gehen soll, können Sie die Blumenkohlröschen auch auf der Reibe raspeln.*

Herbstküche

Suppen und Eintöpfe

Möhrencremesuppe

Für 4 Portionen

Zubereitungszeit:
ca. 45 Min.

1½ Bund junge Möhren
350 g Frühkartoffeln
2 EL Butter
½ TL Vollrohrzucker
¾ l Gemüsebrühe (S. 17)
Salz, Pfeffer
100 g Crème fraîche
5 EL Weißwein
100 g süße Sahne
3 Frühlingszwiebeln
2 EL gehackte Kerbelblättchen

1. Die Möhren putzen, waschen und in Scheiben schneiden. Die Kartoffeln schälen und würfeln. Die Butter in einem Topf zerlassen. Die Möhren und die Kartoffeln darin andünsten. Den Zucker darunterrühren. Die Gemüsebrühe angießen und alles im geschlossenen Topf bei mittlerer Hitze etwa 15 Minuten garen.

2. Die Möhren und die Kartoffeln mitsamt der Brühe pürieren. Mit Salz und Pfeffer abschmecken. Die Crème fraîche mit dem Wein glattrühren und zur heißen, nicht mehr kochenden Suppe geben.

3. Die Sahne halbsteif schlagen. Die Frühlingszwiebeln putzen, waschen und in feine Ringe schneiden.

4. Die Suppe in 4 tiefe Teller gießen. Sie mit je 1 Sahnetupfer den Frühlingszwiebeln und dem Kerbel garnieren.
(auf dem Foto: unten)

AM RANDE BEMERKT ...
■ *Mit wenig Vollrohrzucker können Sie das Aroma der jungen Möhren verstärken.*

Frühlingsküche

Spargelcremesuppe

Für 4 Portionen

Zubereitungszeit:
ca. 45 Min.

1 kg Spargel
2 EL Butter
Salz
1 EL Vollkornmehl
¼ l Milch
½ l Gemüsebrühe (S. 17)
250 g süße Sahne
3 EL Weißwein
Pfeffer
1 Pr. geriebene Muskatnuß
2 EL Kresseblättchen

1. Die Spargelstangen schälen und die Spitzen abschneiden. Diese beiseite stellen. Den restlichen Spargel in etwa 2 cm dicke Scheiben schneiden.

2. Die Butter in einem Topf zerlassen und die Spargelscheiben darin andünsten. Das Ganze leicht salzen, mit dem Mehl bestäuben und anschwitzen.

3. Den Topfinhalt mit Milch und Gemüsebrühe ablöschen. Dann alles im geschlossenen Topf bei milder Hitze etwa 10 Minuten köcheln lassen.

4. Anschließend die Suppe pürieren. Die Spargelspitzen sowie die Sahne hinzufügen und das Ganze noch weitere 5 Minuten bei milder Hitze garen.

5. Die Suppe abschließend mit dem Wein und den Gewürzen abschmecken. Sie mit Kresse bestreuen und sofort servieren.
(auf dem Foto: oben)

VARIATION
■ *Die Gemüsebrühe können Sie entweder ganz oder teilweise durch Spargelfond ersetzen. Dieser fällt dann an, wenn Spargel für ein Gemüsegericht oder für einen Salat (S. 25) in Salzwasser gegart wird.*

Frühlingsküche

Kerbelsuppe mit Nüssen

Für 4 Portionen

Zubereitungszeit:
ca. 40 Min.

- 350 g Kartoffeln
- 1 kleine Zwiebel
- 2 EL Butter
- 3/4 l Gemüsebrühe (S. 17)
- 2 EL geschälte Kürbiskerne
- 2 EL geschälte Sonnenblumenkerne
- 2 EL gehackte Mandeln
- 2 EL halbierte Walnußkerne
- 250 g Kerbel
- 150 g saure Sahne
- 2 Eigelb

1. Die Kartoffeln und die Zwiebel schälen. Die Kartoffeln in mittelgroße Stücke schneiden, die Zwiebel fein würfeln. Die Butter in einem großen Topf zerlassen und die vorbereiteten Zutaten darin andünsten. Die Gemüsebrühe angießen und alles im geschlossenen Topf bei mittlerer Hitze etwa 15 Minuten köcheln lassen.

2. Die Kerne und die Nüsse grob hacken und in einer trockenen Pfanne rösten. Den Kerbel waschen, trockentupfen und fein wiegen.

3. Alle Zutaten im Topf pürieren. Dann den Kerbel dazugeben und alles einmal kurz aufkochen lassen. Dann die Hitze reduzieren.

4. Die saure Sahne mit den Eigelben verquirlen und in die nicht mehr kochende Suppe hineinrühren. Die Suppe in 4 tiefe Teller geben und die gerösteten Nüsse und Kerne darauf verteilen.

VARIATION

■ *Diese Suppe schmeckt auch als Kaltschale an heißen Tagen vorzüglich. Stellen Sie die pürierte Suppe kühl, und rühren Sie erst kurz vor dem Servieren den frisch gehackten Kerbel darunter. Auf die Zugabe von Eigelb können Sie verzichten. Als Garnitur geben Sie je 1 Eßlöffel saure Sahne und die gehackten Nüsse auf die Suppe.*

Sommerküche

Kürbissuppe

Für 4 Portionen

Zubereitungszeit:
ca. 40 Min.

- 1 kg Kürbis
- 2 kleine Zwiebeln
- 1 EL Butter
- 1 TL Vollrohrzucker
- ¾ l Gemüsebrühe (S. 17)
- 200 ml süße Sahne
- 2 Eigelb
- 1 Pr. geriebene Muskatnuß
- 1 Pr. Nelkenpulver
- Pfeffer
- 2 EL gehackte Petersilie

1. Den Kürbis schälen, von dem weichen Faserteil sowie den Kernen befreien und das feste Fruchtfleisch in Würfel schneiden. Danach die Zwiebeln schälen und in sehr feine Würfel schneiden.

2. Die Butter in einem Topf zerlassen und die Zwiebeln darin andünsten. Den Zucker dazugeben und mit den Zwiebeln verrühren. Die Kürbiswürfel dazugeben und die Gemüsebrühe angießen.

3. Alles im geschlossenen Topf bei milder Hitze etwa 15 Minuten kochen lassen. Die Suppe danach pürieren.

4. Die Sahne mit den Eigelben verquirlen und in die heiße, nicht mehr kochende Suppe einrühren, bis diese sämig ist. Die Suppe mit den Gewürzen abschmecken und mit der Petersilie bestreut servieren.

AM RANDE BEMERKT ...

■ *Das Fruchtfleisch des Kürbisses enthält nur wenig Zucker, überhaupt keine Säure und ist dadurch geschmacksneutral. Das kalorienarme Gemüse ist reich an Carotin und wirkt harntreibend.*

Herbstküche

Pastinakensuppe

Für 4 Portionen

Zubereitungszeit: ca. 40 Min.

½ l Gemüsebrühe (S. 17)
400 g Pastinaken
350 g Kartoffeln
4 Wirsingblätter
200 g süße Sahne
200 ml Milch
1 Knoblauchzehe
Salz
1 Pr. geriebene Muskatnuß
1 Pr. Cayennepfeffer
50 g Doppelrahm-Frischkäse

1. Die Gemüsebrühe in einem Topf zum Kochen bringen. Die Pastinaken und die Kartoffeln schälen und in feine Scheiben schneiden. Das Gemüse in die Brühe geben und im geschlossenen Topf etwa 10 Minuten bei mittlerer Hitze köcheln lassen.

2. Inzwischen die Wirsingblätter waschen, abtropfen lassen und in feine Streifen schneiden.

3. Dann die Milch zusammen mit der Sahne zur Suppe geben. Anschließend das Ganze pürieren. Die Wirsingstreifen dazugeben und in der Suppe etwa 5 Minuten erwärmen.

4. Den Knoblauch schälen, durchpressen und zusammen mit wenig Salz sowie den anderen Gewürzen zur Suppe geben. Die Suppe in 4 tiefe Teller gießen. Den Frischkäse glattrühren und die Suppe mit je 1 Eßlöffel garnieren.
(auf dem Foto: unten)

AM RANDE BEMERKT ...

■ *Eine in Vergessenheit geratene Kulturpflanze hat hier einen glanzvollen Auftritt: Pastinaken gehören der gleichen Familie wie Möhren und Wurzelpetersilie an. Die weiß-gelblichen Wurzeln schmecken angenehm süß und gleichzeitig würzig. Sie werden im Spätherbst geerntet und können bis zum Frühjahr gelagert werden.*

VARIATION

■ *Nach dem gleichen Rezept können Sie im Herbst eine köstliche Spinatsuppe zubereiten, wenn Sie den Wirsing durch 300 g in Streifen geschnittenen Blattspinat ersetzen.*

Winterküche

Rosenkohlcremesuppe mit Speck

Für 4 Portionen

Zubereitungszeit: ca. 1 Std.

500 g Rosenkohl
¼ l Wasser
½ TL Salz
½ l Gemüsebrühe (S. 17)
1 Eigelb
100 g Crème fraîche
Salz, Pfeffer
1 Pr. geriebene Muskatnuß
100 g durchwachsener Speck
1 EL Sonnenblumenöl
1 EL gehackte Petersilie

1. Den Rosenkohl putzen und waschen. Die Strünke der Röschen kreuzförmig einschneiden. Das Wasser mit dem Salz zum Kochen bringen und den Rosenkohl darin etwa 15 Minuten garen. Danach 4 Röschen herausnehmen, vierteln und beiseite legen.

2. Den restlichen Rosenkohl pürieren. Die Gemüsebrühe unter das Gemüsepüree rühren und beides miteinander aufkochen. Dann die Hitze reduzieren. Das Eigelb mit der Crème fraîche vermengen und in die nicht mehr kochende Suppe einrühren. Sie mit Salz, Pfeffer und Muskat abschmecken und bis zur Weiterverwendung warm halten.

3. Den Speck würfeln. Das Öl in einer Pfanne erhitzen und den Speck darin kräftig anbraten.

4. Die zurückgelegten Rosenkohlviertel sowie die Speckwürfelchen ohne das Bratfett zur Suppe geben und darin kurz erhitzen. Kurz vor dem Servieren die Suppe mit der Petersilie bestreuen.
(auf dem Foto: oben)

AM RANDE BEMERKT ...

■ *Rosenkohl schmeckt am besten, wenn er dem ersten Frost ausgesetzt war. Dadurch wird ein Teil der Stärke in Zucker umgewandelt, was den Geschmack intensiviert.*

Winterküche

Paprikasuppe mit Knoblauchcroûtons

Für 4 Portionen

Zubereitungszeit:
ca. 45 Min.

Für die Suppe:

- 600 g rote Paprikaschoten
- 2 Zwiebeln
- 2 EL Butter
- 1 TL Vollrohrzucker
- Saft von 1 Zitrone
- ½ l Tomatensaft
- ¼ l Gemüsebrühe (S. 17)
- Salz
- 1 Pr. Paprikapulver
- einige Tropfen Tabascosauce
- 150 g Crème fraîche

Für die Croûtons:

- 2 Knoblauchzehen
- 2 Scheiben Vollkorntoastbrot
- 1 EL Sonnenblumenöl
- 1 TL gehackte Rosmarinblättchen

1. Die Paprikaschoten waschen, längs halbieren, entkernen und in feine Streifen schneiden. Die Zwiebeln schälen, fein würfeln und in einem Topf in der Butter andünsten. Den Zucker hinzufügen und unter Rühren leicht bräunen lassen. Den Zitronensaft sowie die Paprikastreifen dazugeben und glasig dünsten.

2. Nun den Tomatensaft und die Gemüsebrühe dazugeben, alles miteinander verrühren und zugedeckt bei mittlerer Hitze etwa 10 Minuten köcheln lassen.

3. Anschließend die Suppe pürieren und kräftig würzen. Die Crème fraîche in die heiße, nicht mehr kochende Suppe rühren.

4. Den Knoblauch schälen und sehr fein würfeln. Die Hälfte zur Suppe geben und diese bis zur Weiterverwendung warm halten, jedoch nicht kochen lassen. Die Toastbrotscheiben würfeln. Das Öl in einer Pfanne erhitzen. Den restlichen Knoblauch und die Toastbrotwürfel darin unter ständigem Wenden anbraten.

5. Die Suppe mit dem Rosmarin und den Knoblauchcroûtons bestreuen und sofort servieren.
(auf dem Foto: oben)

VARIATION

■ *Zu einem erfrischenden Genuß wird diese Suppe, wenn Sie sie gut gekühlt servieren. Die Croûtons erst kurz vor dem Verzehr auf die Suppe streuen.*

Sommerküche

Sächsische Gurkencremesuppe

Für 4 Portionen

Zubereitungszeit:
ca. 35 Min.

500 g Kartoffeln

½ l Gemüsebrühe (S. 17)

1 Salatgurke

3 Frühlingszwiebeln

1 Bund Dill, Pfeffer

3 EL Weißwein

200 ml Milch

200 g süße Sahne

1. Die Kartoffeln schälen und würfeln. SIe dann in der Gemüsebrühe etwa 20 Minuten garen.

2. Die Gurke schälen, längs halbieren, die Kerne mit einem Löffel herausschaben und sie in Würfel schneiden. Die Frühlingszwiebeln putzen, waschen und in feine Ringe schneiden.

3. Die Kartoffeln zusammen mit der Brühe pürieren. Dann die Gurkenwürfel und die Frühlingszwiebelringe unter die Suppe heben und im geschlossenen Topf ohne Wärmezufuhr etwa 5 Minuten garziehen lassen.

4. Den Dill waschen, trockentupfen und fein hacken. Die Suppe mit den restlichen Zutaten abschmecken und mit dem Dill bestreuen.
(auf dem Foto: unten)

Sommerküche

Mangoldsuppe

Für 4 Portionen

Zubereitungszeit:
ca. 40 Min.

1 kg Mangold

1 Zwiebel

1 Knoblauchzehe

1 EL Butter

Salz, Pfeffer

¾ l Gemüsebrühe (S. 17)

300 g Tomaten

2 EL gehacktes Basilikum

100 g saure Sahne

1. Den Mangold putzen, dabei die Stiele abschneiden. Die Mangoldblätter waschen und in Streifen schneiden. Die Zwiebel und den Knoblauch schälen und fein würfeln.

2. Die Butter in einem Topf zerlassen. Die Zwiebel und den Knoblauch darin glasig dünsten. Anschließend die Mangoldblätter dazugeben und so lange mitdünsten, bis sie zusammengefallen sind. Mit wenig Salz und Pfeffer würzen und dann die Gemüsebrühe angießen. Alles im geschlossenen Topf bei schwacher Hitze etwa 5 Minuten köcheln lassen.

3. Die Tomaten über Kreuz einritzen, für etwa 15 Sekunden in kochendes Wasser tauchen, abschrecken und dann enthäuten. Sie von den Stielansätzen befreien, halbieren und entkernen. Das Fruchtfleisch in Würfel schneiden. Diese zusammen mit dem Basilikum zur Suppe geben.

4. Die Suppe in 4 tiefen Tellern verteilen und jeweils mit 1 Tupfer saurer Sahne garniert servieren.
(auf dem Foto: oben)

AM RANDE BEMERKT ...

■ *Mangold war früher vor allem in den ländlichen Gebieten des Rheinlandes weit verbreitet.*

Sommerküche

Cremige Schwarzwurzelsuppe

Für 4 Portionen

Zubereitungszeit:
ca. 1 Std.

1 kg Schwarzwurzeln

½ l Milch

¾ l Gemüsebrühe (S. 17)

100 ml Weißwein

1 Pr. geriebene Muskatnuß

Pfeffer

200 g süße Sahne

2 Eigelb

150 g Rinderschinken

2 EL gehackte Petersilie

1. Die Schwarzwurzeln unter fließendem Wasser gründlich abbürsten, schälen und in Würfel schneiden. Diese für etwa 10 Minuten in Milch einlegen.

2. In der Zwischenzeit die Gemüsebrühe zum Kochen bringen. Die Schwarzwurzeln aus der Milch nehmen, abtropfen lassen und bei mittlerer Hitze zugedeckt etwa 30 Minuten köcheln lassen.

3. Nach der Garzeit einige Stücke aus der Suppe nehmen und bis zur Weiterverwendung beiseite stellen. Den Rest zusammen mit der Brühe pürieren. Die Suppe nochmals aufkochen lassen und den Wein sowie die Gewürze hinzufügen. Die Hitze dann reduzieren.

4. Die süße Sahne mit den Eigelben verquirlen und in die nicht mehr kochende Suppe einrühren. Den Schinken in feine Streifen schneiden und mit den zur Seite gelegten Schwarzwurzelstücken zur Suppe geben. Die Suppe mit der Petersilie bestreut servieren.
(auf dem Foto: unten)

AM RANDE BEMERKT ...

- *Auch durch das Einlegen in Milch, die Sie nicht weiterverwenden können, behalten die Schwarzwurzeln ihre weiße Farbe.*
- *Um die braunen Flekken an den Händen zu vermeiden, tragen Sie beim Schälen der Schwarzwurzeln am besten Gummihandschuhe.*

Winterküche

Selleriecremesuppe mit Würstchen

Für 4 Portionen

Zubereitungszeit: ca. 45 Min.

400 g Kartoffeln

450 g Knollensellerie

2 kleine Zwiebeln

2 EL Butter

600 ml Gemüsebrühe (S. 17)

¼ l Milch

150 g Crème fraîche

2 geräucherte Mettwürstchen

Salz, Pfeffer

1 Pr. geriebene Muskatnuß

1 EL gehackter Kerbel

1. Die Kartoffeln und den Sellerie schälen und in kleine Würfel schneiden. Die Zwiebeln schälen und ebenfalls fein würfeln. Die Butter in einem großen Topf zerlassen und die Zwiebeln darin andünsten. Die Kartoffeln und den Sellerie hinzufügen und mitdünsten.

2. Die Gemüsebrühe sowie die Milch angießen und alles im geschlossenen Topf bei mittlerer Hitze etwa 15 Minuten köcheln lassen. Die Suppe anschließend pürieren und die Crème fraîche unter die nicht mehr kochende Suppe rühren.

3. Die Mettwürstchen in Scheiben schneiden und zur Suppe geben. Das Ganze noch einmal aufkochen lassen. Mit den Gewürzen abschmecken und mit dem Kerbel bestreuen.
(auf dem Foto: oben)

AM RANDE BEMERKT ...

■ *Knollensellerie enthält ätherische Öle, die den Stoffwechsel anregen. Er enthält viel Eisen und Vitamin E.*

■ *Durch lange Garzeiten, z. B. bei der Zubereitung von Suppen, erleidet Gemüse aufgrund der Hitzezufuhr einen Vitaminverlust. Sie können diesen Verlust ausgleichen, indem Sie einen Teil des Gemüses, in kleinen Stücken oder geraspelt, roh zur Suppe geben.*

Herbstküche

Brandenburger Haferklößchensuppe

Für 4 Portionen

Zubereitungszeit: ca. 50 Min.

1 Zwiebel

200 g Möhren

1 kleiner Kohlrabi

250 g Kartoffeln

1 Stange Lauch

1 EL Sonnenblumenöl

800 ml Gemüsebrühe (S. 17)

¼ l Milch

2 EL Butter

100 g Haferschrot

1 Ei

2 EL gehackte Petersilie

Salz, Pfeffer

1 Pr. geriebene Muskatnuß

1 Kästchen Kresse

100 g süße Sahne

1. Die Zwiebel schälen und fein würfeln. Die Möhren putzen, waschen und in Scheiben schneiden. Den Kohlrabi und die Kartoffeln schälen und würfeln. Den Lauch putzen, waschen und in Ringe schneiden.

2. Das Öl in einem Topf erhitzen und das Gemüse darin andünsten. Etwa 600 ml Gemüsebrühe sowie die Milch dazugeben und dann alles im geschlossenen Topf bei mittlerer Hitze etwa 15 Minuten köcheln lassen.

3. Inzwischen für die Haferklößchen die restliche Gemüsebrühe zusammen mit der Butter aufkochen lassen. Das Haferschrot hineinrühren und in etwa 5 Minuten zu einem dicken Brei kochen, dabei umrühren.

4. Das Ei verquirlen und zusammen mit der Petersilie in die nicht mehr kochende Masse einarbeiten. Mit Salz, Pfeffer und Muskat abschmecken.

5. Reichlich Salzwasser zum Kochen bringen. Von der Hafermasse mit Hilfe von 2 Eßlöffeln Klößchen abstechen und diese im siedenden Wasser ziehen lassen, bis sie aufschwimmen. Fertiggegarte Klößchen mit einer Schaumkelle aus dem Wasser heben und abtropfen lassen.

6. Die Kresse abschneiden, waschen und abtropfen lassen. Etwa 2 Eßlöffel beiseite stellen. Den Rest zur Suppe geben und diese pürieren. Die Sahne halbsteif schlagen und unter die Suppe rühren. Mit Salz und Pfeffer abschmecken.

7. Die Klößchen in die Suppe geben und diese mit der zurückgelegten Kresse bestreuen.
(auf dem Foto: unten)

Winterküche

Steckrübeneintopf

Für 4 Portionen

Zubereitungszeit:
ca. 1 Std.

- 1 Steckrübe (ca. 600 g)
- 300 g Kartoffeln
- 2 Zwiebeln
- 1 Knoblauchzehe
- 500 g Schweineschulter
- 1 EL Butter
- 1 l Fleischbrühe (S. 17)
- 2 Lorbeerblätter
- 2 Nelken
- 6 Pimentkörner
- Pfeffer
- 2 TL Honig
- 2 EL gehackte Petersilie

1. Die Steckrübe und die Kartoffeln schälen und grob würfeln. Die Zwiebeln schälen und in feine Ringe schneiden. Den Knoblauch schälen und fein würfeln. Das Fleisch waschen, trockentupfen und würfeln.

2. Die Butter in einem großen Topf zerlassen. Die Zwiebelringe und den Knoblauch darin glasig dünsten. Das Fleisch dazugeben und kräftig anbraten.

3. Die Steckrüben- und die Kartoffelwürfel zusammen mit der Fleischbrühe, den Gewürzen und dem Honig in den Topf geben und alles zugedeckt bei mittlerer Hitze etwa 40 Minuten garen.

4. Die Lorbeerblätter und die Nelken aus dem Eintopf nehmen. Nochmals abschmecken und mit der Petersilie bestreuen.
(auf dem Foto: oben)

AM RANDE BEMERKT ...

■ *Gerichte mit Steck- oder auch Kohlrüben standen im Nachkriegsdeutschland häufig auf dem Speisezettel. Dadurch bekam dieses Gemüse das Image des Arme-Leute-Essens. Wer die Rüben jedoch einmal probiert hat, ist davon überzeugt: Sie sind eine Delikatesse!*

Winterküche

Bunte Kartoffelsuppe

Für 4 Portionen

Zubereitungszeit:
ca. 40 Min.

- 500 g Kartoffeln
- 2 Zwiebeln
- 1 EL Schweineschmalz oder Kokosfett
- 1 l Gemüsebrühe (S. 17)
- 1 Stange Lauch
- ½ Sellerieknolle
- 300 g Möhren
- 150 g Pastinaken
- 150 g durchwachsener Speck
- 1 EL Öl
- 2 EL gehackte Petersilie
- Pfeffer
- 2 EL Apfelessig

1. Die Kartoffeln sowie die Zwiebeln schälen und in Würfel schneiden. Das Schmalz oder das Kokosfett in einem Topf erhitzen und die Kartoffeln sowie die Zwiebeln darin andünsten. Dann die Brühe angießen und das Ganze im geschlossenen Topf bei mittlerer Hitze etwa 10 Minuten garen.

2. Inzwischen das Gemüse putzen, waschen oder schälen und in kleine Stücke schneiden. Das Gemüse dann zu den Kartoffeln geben und weitere 15 Minuten mitkochen.

3. In der Zwischenzeit den Speck in Würfel schneiden. Das Öl in einer Pfanne erhitzen und den Speck darin knusprig braten. Das Bratfett abgießen und die Speckwürfelchen zusammen mit der Petersilie zur Suppe geben. Diese mit Pfeffer und Essig abschmecken und sofort servieren.
(auf dem Foto: unten)

Winterküche

Pichelsteiner Eintopf

Für 4 Portionen

Zubereitungszeit:
ca. 2 ½ Std.

250 g Schweinefleisch (Bug, ohne Knochen)
250 g Rindfleisch (Hochrippe oder anderes Suppenfleisch, ohne Knochen)
250 g Lammfleisch (Schulter, ohne Knochen)
2 Zwiebeln
250 g Möhren
200 g Knollensellerie
500 g Kartoffeln
1 Stange Lauch
300 g Weißkohl
300 g grüne Bohnen
2 EL Öl
¾ l Fleischbrühe (S. 17)
Pfeffer, 1 EL Apfelessig
2 EL gehackte Petersilie

1. Das Fleisch waschen, abtupfen und in Würfel schneiden. Die Zwiebeln schälen und in Ringe schneiden. Die Möhren putzen, waschen und dann in Scheiben schneiden.

2. Den Sellerie und die Kartoffeln schälen und würfeln. Den Lauch putzen, waschen und in Scheiben schneiden. Vom Weißkohl den Strunk sowie eventuell äußere welke Blätter entfernen. Ihn dann in Streifen schneiden. Die Bohnen waschen, entfädeln und in Stücke brechen.

3. Das Öl in einem großen Topf erhitzen. Das Fleisch und die Zwiebeln darin kräftig anbraten. Das vorbereitete Gemüse hinzufügen und alles mit der Fleischbrühe auffüllen. Im geschlossenen Topf bei mittlerer Hitze etwa 1½ Stunden schmoren lassen.

4. Den Eintopf mit Pfeffer und Essig abschmecken und mit der Petersilie bestreuen.
(auf dem Foto: oben)

Herbstküche

Pfälzer Linsensuppe

Für 4 Portionen

Zubereitungszeit:
ca. 2 Std.

Zeit zum Einweichen:
ca. 12 Std.

250 g Linsen
¾ l Rotwein
1 Bund Suppengrün
1 Zwiebel
100 g Speck
2 EL Butter
500 g Rindfleisch (Querrippe)
½ l Fleischbrühe (S. 17)
Salz, Pfeffer
1 Lorbeerblatt, 3 Pimentkörner, 3 Gewürznelken, 5 Pfefferkörner

1. Die Linsen waschen und in dem Rotwein über Nacht einweichen.

2. Am Tag der Zubereitung das Suppengrün putzen, waschen und kleinschneiden. Die Zwiebel schälen und ebenso wie den Speck in Würfel schneiden.

3. Die Butter in einem großen Topf zerlassen. Den Speck und die Zwiebelwürfel darin andünsten. Das Suppengrün und das Fleisch dazugeben und alles kräftig anbraten.

4. Die Linsen mitsamt dem Rotwein sowie die Brühe und die Gewürze zum Fleisch geben. Alles im geschlossenen Topf bei mittlerer Hitze etwa 1½ Stunden garen.

5. Nach der Garzeit das Lorbeerblatt aus der Suppe entfernen. Das Fleisch ebenfalls herausnehmen und dann in Würfel schneiden. Die Fleischstücke zu den Linsen geben und alles nochmals mit Salz und Pfeffer abschmecken.
(auf dem Foto: unten)

VARIATION
■ *Für diese Suppe können Sie auch anderes Suppenfleisch verwenden.*

Winterküche

Rindfleisch-Kürbis-Eintopf

Für 4 Portionen

Zubereitungszeit:
ca. 1½ Std.

1 l Wasser

Salz

750 g Rindfleisch (Querrippe oder anderes Suppenfleisch, ohne Knochen)

1 Bund Suppengrün

1 kg Kürbis

3 Zwiebeln

2 EL Öl

500 g Tomaten

3 EL Weißwein

Pfeffer

Cayennepfeffer

Nelkenpulver

2 EL gehackte Basilikumblättchen

1. Das Wasser zusammen mit 1 Teelöffel Salz zum Kochen bringen. Das Fleisch waschen und trockentupfen. Das Suppengrün putzen, waschen und kleinschneiden. Diese Zutaten in das kochende Wasser geben und im geschlossenen Topf bei mittlerer Hitze etwa 1 Stunde kochen.

2. Inzwischen den Kürbis schälen, von dem weichen Faserteil sowie den Kernen befreien und das feste Fruchtfleisch in Würfel schneiden. Die Zwiebeln schälen und in dünne Ringe schneiden. Das Öl in einem großen Topf erhitzen. Die Zwiebeln und den Kürbis darin andünsten.

3. Das Fleisch aus dem Kochwasser herausnehmen. Den Fond durch ein Sieb gießen und auffangen. Das Fleisch in Würfel schneiden und zusammen mit dem Fond zum Kürbis geben. Bei schwacher Hitze zugedeckt etwa 10 Minuten köcheln lassen.

4. Inzwischen die Tomaten über Kreuz einritzen, für etwa 15 Sekunden in kochendes Wasser tauchen, abschrecken und dann enthäuten. Sie von den Stielansätzen befreien, halbieren, entkernen und in kleine Würfel schneiden. Diese zum Eintopf geben und darin kurz erwärmen.

5. Den Eintopf mit dem Wein, etwas Salz und Pfeffer sowie mit den Gewürzen abschmecken. Mit dem Basilikum bestreut servieren.
(auf dem Foto: oben)

Herbstküche

Lammfleisch-Wirsing-Eintopf

Für 4 Portionen

Zubereitungszeit: ca. 1½ Std.

Marinierzeit: ca. 1 Std.

1 kg Lammfleisch (Nacken)
2 Knoblauchzehen
Salz, Pfeffer
2 Zwiebeln
1 Zweig Thymian
2 EL Öl oder Kokosfett
1 l Fleischbrühe (S. 17)
2 Lorbeerblätter
1 Kopf Wirsing
300 g Kartoffeln
2 Möhren
1 Stange Lauch
Paprikapulver
1 TL gerebelter Thymian
2 EL gehackte Petersilie

1. Das Fleisch waschen und trockentupfen. Den Knoblauch schälen, durchpressen und das Fleisch damit einreiben. Mit Salz und Pfeffer bestreuen und für etwa 1 Stunde zum Durchziehen kühl stellen.

2. Die Zwiebeln schälen und würfeln. Den Thymianzweig waschen und trockenschütteln. Das Öl oder Fett in einem Topf erhitzen und die Zwiebeln glasig dünsten.

3. Das Fleisch dazugeben und unter mehrmaligem Wenden kräftig anbraten. Mit der Fleischbrühe ablöschen. Die Lorbeerblätter sowie den Thymian hinzufügen und alles bei mittlerer Hitze etwa 30 Minuten köcheln lassen.

4. Inzwischen den Wirsing putzen, dabei den Strunk herausschneiden und den Kopf in einzelne Blätter zerteilen. Die Blätter waschen und in Streifen schneiden. Die Kartoffeln schälen und würfeln. Möhren und Lauch putzen und waschen. Die Möhren in Scheiben, den Lauch in Ringe schneiden.

5. Nun Kartoffeln, Möhren und Lauch zur Suppe geben und etwa 10 Minuten mitkochen. Die Wirsingstreifen hinzufügen und weitere 5 Minuten bei schwacher Hitze kochen lassen.

6. Die Lorbeerblätter und den Thymianzweig sowie das Fleisch aus dem Eintopf nehmen. Das Fleisch vom Knochen ablösen und in Würfel schneiden. Diese zum Eintopf geben, mit Paprikapulver und dem gerebelten Thymian, etwas Salz und Pfeffer abschmecken und mit der Petersilie bestreuen.
(auf dem Foto: unten)

Winterküche

Kleine Gerichte, Beilagen und pikant Eingemachtes

Pastinaken-Hirse-Auflauf

Für 4 Portionen

Zubereitungszeit: ca. 1 Std.

- **150 g Hirse**
- **2 EL Sonnenblumenöl**
- **400 ml Gemüsebrühe (S. 17)**
- **2 Zwiebeln**
- **300 g Pastinaken**
- **300 g Brokkoli**
- **250 g Quark**
- **4 Eier**
- **Salz, Pfeffer**
- **1 Pr. geriebene Muskatnuß**
- **1 EL Butter**
- **75 g Parmesan**
- **2 EL gehackte Petersilie**

1. Die Hirse abspülen, abtropfen lassen und in 1 Eßlöffel Öl andünsten. Die Gemüsebrühe angießen. Das Ganze aufkochen lassen und im geschlossenen Topf bei geringer Hitze etwa 10 Minuten garen. Dann etwa 20 Minuten ohne Hitzezufuhr ausquellen lassen.

2. Inzwischen den Backofen auf 200 °C vorheizen. Die Zwiebeln schälen und würfeln. Die Pastinaken schälen und grob raspeln. Den Brokkoli putzen. Die Röschen waschen und die Stiele schälen. Die Röschen in kleinere Segmente zerteilen und die Stiele in feine Würfel schneiden.

3. Den restlichen Eßlöffel Öl in einer Pfanne erhitzen und die Zwiebeln darin glasig dünsten. Das zerkleinerte Gemüse dazugeben und andünsten.

4. Die ausgequollene Hirse mit dem Quark und den Eiern verrühren. Mit Salz, Pfeffer und Muskat würzen.

5. Eine flache Auflaufform mit der Butter ausfetten. Die Hirsemasse und das Gemüse abwechselnd einschichten. Die letzte Schicht mit Parmesan und Petersilie bestreuen und das Ganze etwa 20 Minuten im Ofen überbacken.
(auf dem Foto: oben)

AM RANDE BEMERKT ...

■ *Das kräftige Aroma der Pastinake erinnert an Petersilie und Möhren. Achten Sie beim Einkauf auf feste, straffe Früchte. Außer für Aufläufe verwendet man Pastinaken für Suppen, Saucen oder als Beilage zu Fleischgerichten.*

Herbstküche

Würziger Kürbisauflauf

Für 4 Portionen

Zubereitungszeit: ca. 1 Std.

- **1 kg Kürbis**
- **200 g durchwachsener Speck**
- **1 kleine Zwiebel**
- **3 EL Butter**
- **2 Eier**
- **125 g süße Sahne**
- **Salz, Pfeffer**
- **1 Pr. geriebene Muskatnuß**
- **1 EL Parmesan**
- **100 g Emmentaler**

1. Den Kürbis schälen, von dem weichen Faserteil sowie den Kernen befreien und das feste Fruchtfleisch würfeln. Den Speck in feine Streifen schneiden. Die Zwiebel schälen und in feine Würfel schneiden.

2. In einem Topf 1 Eßlöffel Butter zerlassen. Die Zwiebel und den Speck darin anbraten. Dann die Kürbiswürfel dazugeben und kurz mitdünsten.

3. Den Backofen auf 200 °C vorheizen. Eine feuerfeste Form mit etwa 1 Eßlöffel Butter ausfetten. Den gedünsteten Kürbis und den Speck in die Form füllen. Die Eier mit der Sahne, den Gewürzen und dem Parmesankäse verquirlen und auf die Gemüse-Speck-Mischung gießen.

4. Den Emmentaler reiben und den Auflauf damit bestreuen. Die restliche Butter in Flöckchen darauf verteilen und im Ofen in etwa 30 Minuten überbacken.
(auf dem Foto: unten)

AM RANDE BEMERKT ...

■ *In Bioland-Gärtnereien werden unterschiedliche Kürbisarten angebaut. Sie können für dieses Rezept aus der Kürbisvielfalt zwischen Riesen-, Spaghettikürbis oder Squash wählen.*

Herbstküche

Teigtaschen mit pikanter Füllung

Für 25–30 Stück

Zubereitungszeit: ca. 1½ Std.

Für den Teig:

300 g Weizen-vollkornmehl
½ TL Weinstein-backpulver
75 g kalte Butter
Salz
1 Ei
125 g saure Sahne

Für die Füllung:

100 g durchwachsener Speck
3 Stangen Lauch
2 EL Sonnenblumenöl
500 g Hackfleisch
2 EL Tomatenmark
1 EL gehackte Petersilie
Salz, Pfeffer
1 Pr. Paprikapulver
2 Eigelb
2 EL Milch

1. Das Mehl mit dem Backpulver mischen und zusammen mit der Butter, etwas Salz, dem Ei und der sauren Sahne zügig zu einem glatten Teig verkneten. Den Teig mit einem Tuch abdecken und für etwa 45 Minuten kühl stellen.

2. In der Zwischenzeit die Füllung zubereiten. Dazu den Speck würfeln. Den Lauch putzen, waschen und in Ringe schneiden. Das Öl in einer Pfanne erhitzen. Den Speck und das Hackfleisch unter mehrmaligem Wenden darin anbraten. Den Lauch dazugeben und mitdünsten.

3. Das Tomatenmark mit etwas Wasser glattrühren und zusammen mit der Petersilie zu der Hackfleisch-Lauch-Mischung geben. Das Ganze mit den Gewürzen kräftig abschmecken.

4. Den Backofen auf 200 °C vorheizen. Ein Backblech mit Backpapier auslegen. Den Teig etwa ½ cm dick ausrollen und Kreise von etwa 10 cm Durchmesser ausstechen. Die Füllung in der Mitte verteilen und die Teigränder mit etwas verquirltem Eigelb bestreichen. Die obere Teighälfte über die Füllung klappen und fest andrücken.

5. Die Teigtaschen auf das Backblech setzen. Das restliche Eigelb mit der Milch verquirlen und die Teigoberflächen damit bestreichen. Die Teigtaschen etwa 20 Minuten im Ofen backen.

AM RANDE BEMERKT ...

■ *Für die Füllung können Sie gemischtes Hackfleisch (je zur Hälfte Rind- und Schweinefleisch) oder reines Rinderhackfleisch verwenden.*

■ *Teige, in denen Vollkorngetreide enthalten ist, benötigen immer eine gewisse Zeit zum Quellen. Dies verbessert die Bindefähigkeit und die Konsistenz der Teige.*

■ *Zu den Teigtaschen können Sie einen Joghurtdip (S. 58) reichen.*

VARIATION

■ *Diese Teigtaschen lassen sich natürlich auch mit einer fleischlosen Füllung zubereiten. Im Sommer harmoniert z. B. eine Mischung aus Zucchini, Paprika und Schafskäse, verfeinert mit Raukeblättchen, sehr gut.*

Winterküche

Pfälzer Zwiebelkuchen

Für 8 Stück

Zubereitungszeit: ca. 1½ Std.

Für den Teig:

- 200 g Weizenvollkornmehl
- 200 g Roggenvollkornmehl
- 30 g frische Hefe
- ½ TL Salz
- ¼ l lauwarmes Wasser

Für den Belag:

- 500 g Zwiebeln
- 200 g durchwachsener Speck
- 150 g saure Sahne
- 4 Eier
- Salz, Pfeffer
- 2 TL Kümmel
- 100 g Emmentaler

1. Die Mehlsorten mischen. Hefe und Salz im Wasser auflösen, zum Mehl geben und alles miteinander verkneten. Den Teig an einem warmen Ort mit einem Tuch abgedeckt etwa 15 Minuten gehen lassen.

2. In der Zwischenzeit die Zwiebeln schälen und in feine Ringe schneiden. Den Speck würfeln. Die saure Sahne mit den Eiern, Salz und Pfeffer verquirlen.

3. Den Backofen auf 220 °C vorheizen. Ein Backblech mit Backpapier auslegen. Den Teig darauf ausrollen und nochmals 15 Minuten gehen lassen. In der Zwischenzeit den Käse reiben.

4. Dann die Zwiebelringe und den Speck gleichmäßig auf dem Teigboden verteilen. Die Sahnemischung darauf gießen und alles mit dem Kümmel bestreuen. Den Käse auf dem Kuchen verteilen und diesen im Ofen etwa 45 Minuten backen.

Herbstküche

Bunte Nudelpfanne

Für 4 Portionen

Zubereitungszeit:
ca. 45 Min.

400 g Dinkel-Spiralnudeln

300 g Möhren

300 g Zucchini

300 g grüne Erbsen

1 Zwiebel

1 EL Butter

2 EL gehackte Minze

Salz, Pfeffer

1. Die Spiralnudeln in reichlich Salzwasser nach Zubereitungsanweisung bißfest kochen. Sie dann abtropfen lassen und im Topf bis zur Weiterverwendung warm halten.

2. Die Möhren und die Zucchini putzen und waschen. Die Möhren in mundgerechte Würfel und die Zucchini in Scheiben schneiden. Die Erbsen aus den Hülsen streifen. Die Zwiebel schälen und dann fein würfeln.

3. Die Butter in einem großen Topf zerlassen und die Zwiebelwürfel darin glasig dünsten. Die Möhren dazugeben und etwa 10 Minuten im geschlossenen Topf garen.

4. Dann die Zucchini hinzufügen. Nach weiteren 5 Minuten die Erbsen dazugeben und alles noch etwa 3 Minuten garen.

5. Das Gemüse aus dem Topf nehmen und zusammen mit der Minze unter die Spiralnudeln mischen. Das Gericht noch einmal stark erhitzen und mit Salz sowie Pfeffer abschmecken.
(auf dem Foto: oben)

AM RANDE BEMERKT ...

■ *Einige Hofverarbeiter bieten selbstgemachte Teigwaren aus verschiedenen Getreidesorten an. Erkundigen Sie sich vor Ort nach dem Angebot.*

VARIATION

■ *Statt der Spiralnudeln aus Dinkelvollkornmehl können Sie auch beispielsweise Dinkel-Wellenspätzle verwenden.*

Sommerküche

Ofenkartoffeln mit grüner Sauce

Für 4 Portionen

Zubereitungszeit: ca. 45 Min.

- **5 EL Sonnenblumenöl**
- **3 EL Sesamsamen**
- **1 TL Kümmel**
- **2 TL grobes Salz**
- **750 g festkochende Kartoffeln**
- **2 Eier**
- **150 g Joghurt**
- **150 g Schmand (oder saure Sahne)**
- **1 Kräuterbund (Schnittlauch, Petersilie, Kerbel, Kresse, Sauerampfer, Borretsch, Estragon, Dill, Bohnenkraut)**
- **½ Zwiebel**
- **Saft von ½ Zitrone**
- **Salz, Pfeffer**

1. Den Backofen auf 200 °C vorheizen. Ein Backblech mit Backpapier auslegen und mit 3 Eßlöffeln Öl einfetten. Den Sesam und die Gewürze in einer flachen Schale mischen.

2. Die Kartoffeln gründlich waschen, trockenreiben und längs halbieren. Die Hälften jeweils mit der Schnittfläche in die Gewürzmischung tauchen. Die Kartoffeln mit der Schnittfläche nach unten auf das Backblech setzen und im Ofen 20 bis 30 Minuten backen.

3. Die Eier hartkochen, abschrecken und pellen. Sie dann halbieren. Die Eigelbe herauslösen, mit einer Gabel zerdrücken und mit den restlichen 2 Eßlöffeln Öl verrühren. Den Joghurt mit Schmand oder saurer Sahne unter die Eigelbmischung rühren. Die Eiweiße fein würfeln und unter die Sauce heben.

4. Die Kräuter waschen, trockentupfen und sehr fein hacken. Die Zwiebel schälen und in sehr feine Würfel schneiden. Die Kräuter, die Zwiebelwürfel sowie den Zitronensaft unter die Sauce rühren und diese mit Salz und Pfeffer abschmecken. Sie zu den Kartoffeln servieren.
(auf dem Foto: unten)

AM RANDE BEMERKT ...

■ *Die Kartoffel kam erst nach 1492 von Amerika nach Europa. Um die Bauern zum Anbau dieses „exotischen Gewächses“ zu bewegen, ließ der Alte Fritz Kartoffelfelder anlegen und nachts von Soldaten bewachen. Seine Rechnung ging auf: Die Bauern stahlen die Kartoffeln und bauten sie an.*

Sommerküche

Pak-Choi-Röllchen

Für 4 Portionen

Zubereitungszeit:
ca. 1¼ Std.

½ l Gemüsebrühe (S. 17)
75 g Dinkelino
1 kg Pak-Choi (Chinesischer Senfkohl)
1 Zwiebel
2 EL Butter
200 g Hackfleisch
1 Ei
Salz, Pfeffer
1 Pr. geriebene Muskatnuß
1 kleine Stange Lauch
250 g Tomaten
2 EL gehackte Petersilie
100 g saure Sahne

1. Von der Gemüsebrühe etwa ⅛ l zum Kochen bringen. Den Dinkelino in die kochende Flüssigkeit hineinrieseln lassen und bei schwacher Hitze im geschlossenen Topf etwa 15 Minuten kochen.

2. Inzwischen den Pak-Choi putzen, ihn dabei in die einzelnen Blätter zerteilen. Diese waschen und die Mittelrippen herausschneiden. Die Blätter in kochendem Salzwasser etwa 3 Minuten blanchieren, mit kaltem Wasser abschrecken und auf einer Arbeitsfläche ausbreiten.

3. Den Dinkelino aus dem Topf nehmen, eventuell abtropfen und dann abkühlen lassen. Die Zwiebel schälen und fein würfeln. In einer Pfanne 1 Eßlöffel Butter zerlassen und die Zwiebel darin glasig dünsten. Das Hackfleisch hinzufügen und unter ständigem Rühren krümelig braten. Den Pfanneninhalt dann abkühlen lassen.

4. Das Ei in einer Schüssel verquirlen. Den Dinkelino sowie das Hackfleisch mit dem Ei vermengen und alles kräftig abschmecken. Die Masse portionsweise auf den Pak-Choi-Blättern verteilen. Diese an den Seiten einschlagen und das Ganze fest aufrollen.

5. Den Lauch putzen, waschen und in Ringe schneiden. Die restliche Butter in einem großen Topf zerlassen und die Lauchringe darin andünsten. Mit der restlichen Brühe auffüllen und die Röllchen nebeneinander hineinsetzen. Das Ganze dann bei schwacher Hitze etwa 20 Minuten ziehen lassen.

6. Inzwischen die Tomaten über Kreuz einritzen, für etwa 15 Sekunden in kochendes Wasser tauchen, abschrecken und enthäuten. Sie dann von den Stielansätzen befreien, halbieren und entkernen. Das Fruchtfleisch in kleine Würfel schneiden.

7. Die Pak-Choi-Röllchen aus dem Topf nehmen. Die Tomatenwürfel und die Petersilie zum Lauch geben und kurz erhitzen. Die saure Sahne mit dem heißen, nicht kochenden Topfinhalt verrühren. Die Lauch-Tomaten-Sauce nochmals abschmecken und zu den Pak-Choi-Röllchen servieren.

AM RANDE BEMERKT ...

■ *Pak Choi ist ein dem Chinakohl ähnliches Gemüse, das von Mai bis Oktober geerntet wird.*

Herbstküche

Fruchtiges Kürbisgemüse

Für 4 Portionen

Zubereitungszeit:
ca. 35 Min.

1 kg Kürbis
2 säuerliche Äpfel
1 Stange Lauch
1 kleine Zwiebel
1 EL Butter
Salz, Pfeffer
1 Pr. Currypulver
½ TL Honig
75 ml Apfelwein (oder Apfelcidre)
1 EL gehackte Zitronenmelisse

1. Den Kürbis schälen, von dem weichen Faserteil sowie den Kernen befreien und das feste Fruchtfleisch würfeln. Die Äpfel schälen, entkernen und würfeln. Den Lauch putzen, waschen und in etwa 2 cm dicke Scheiben schneiden. Die Zwiebel schälen und fein würfeln.

2. Die Butter in einem Topf zerlassen. Zwiebel und Lauch darin andünsten. Dann die Kürbis- und die Apfelwürfel dazugeben und mitdünsten.

3. Das Ganze mit Salz, Pfeffer, Curry und Honig abschmecken. Den Apfelwein oder -cidre angießen und alles bei mittlerer Hitze im geschlossenen Topf etwa 10 Minuten garen. Vor dem Servieren die Zitronenmelisse vorsichtig unter das Kürbisgemüse rühren.

VARIATION

■ *Wenn Sie dieses Gericht ohne Alkohol zubereiten möchten, verwenden Sie statt des Apfelweins die gleiche Menge Apfelsaft.*

Herbstküche

Gefüllte Tomaten

Für 4 Portionen

Zubereitungszeit:
ca. 50 Min.

- 500 g Blattspinat
- 1 kleine Zwiebel
- 1 Knoblauchzehe
- 2 EL Pinienkerne
- 1 EL Butter
- 75 g Crème fraîche
- Salz, Pfeffer
- 1 Pr. geriebene Muskatnuß
- 100 g Tilsiter
- 4 feste Fleischtomaten
- 1 EL Butter

1. Den Spinat sorgfältig waschen und verlesen. Ihn tropfnaß in einen Topf geben und unter Rühren etwa 15 Minuten dünsten. Dann abtropfen lassen, ausdrücken und grob hacken. Die Zwiebel und den Knoblauch schälen und beides fein würfeln. Die Pinienkerne grob hacken.

2. Den Backofen auf 200 °C vorheizen. Die Butter in einem Topf zerlassen und die Zwiebel- sowie die Knoblauchwürfel darin glasig dünsten. Den Spinat dazugeben und kurz mitdünsten. Dann den Topf vom Herd nehmen.

3. Die Pinienkerne sowie die Crème fraîche unter den Spinat rühren und mit den Gewürzen kräftig abschmecken.

4. Den Käse grob reiben. Die Tomaten waschen, das obere Drittel jeder Tomate abschneiden und sie mit Hilfe eines Löffels aushöhlen. Die Spinatmasse in die Tomaten füllen.

5. Eine flache feuerfeste Form ausfetten und die Tomaten hineinsetzen. Sie mit dem Käse bestreuen und im Ofen überbacken. Sobald der Käse zerlaufen ist, die abgeschnittenen Drittel als Deckel auf die Tomaten setzen und das Ganze noch etwa 10 Minuten erhitzen.

Sommerküche

Fenchel mit Hackfleischkruste

Für 4 Portionen

Zubereitungszeit:
ca. 1 Std.

800 g kleine Fenchelknollen
½ l Gemüsebrühe (S. 17)
100 ml Weißwein
100 g Schinkenspeck
1 Zwiebel
1 Knoblauchzehe
1 EL Sonnenblumenöl
250 g Hackfleisch
Salz, Pfeffer
Paprikapulver
1 EL Butter
100 g Crème fraîche
1 EL gehackte Petersilie
1 EL Schnittlauchröllchen
50 g geriebener Parmesan

1. Die Fenchelknollen putzen, dabei die äußeren, harten Rippen entfernen und die Stiele stutzen. Die Knollen waschen. Das Fenchelgrün abschneiden, fein hacken und beiseite stellen. Nun die Knollen halbieren.

2. Die Brühe zusammen mit dem Wein zum Kochen bringen und den Fenchel im geschlossenen Topf etwa 10 Minuten sprudelnd kochen lassen. Den Fenchel aus dem Topf herausnehmen, die Brühe aufbewahren.

3. Den Backofen auf 225 °C vorheizen. Den Schinkenspeck fein würfeln. Die Zwiebel sowie den Knoblauch schälen und fein würfeln. Das Öl in einer Pfanne erhitzen. Die Zwiebel, den Knoblauch und den Schinkenspeck darin kräftig anbraten. Das Hackfleisch dazugeben und unter Wenden gut durchbraten. Dann den Pfanneninhalt kräftig würzen.

4. Eine flache feuerfeste Form mit Butter ausfetten. Die Fenchelknollen mit den Schnittflächen nach oben hineinsetzen und die Hackfleischmasse darauf verteilen.

5. Von der Brühe etwa 100 ml abnehmen und mit der Crème fraîche sowie den Kräutern verrühren. Die Fenchelknollen damit beträufeln. Den Parmesan auf den gefüllten Fenchelknollen verteilen und diese im Ofen etwa 20 Minuten überbacken. Das Gericht vor dem Servieren mit dem gehackten Fenchelgrün bestreuen.

AM RANDE BEMERKT ...

■ *Vor der Zubereitung sollten Sie die Fenchelknollen gründlich waschen, da sich leicht Sand zwischen die Blattschichten setzt.*

VARIATION

■ *Sie können den Fenchel mit unterschiedlichen Mischungen gratinieren. Für eine knusprige Nußkruste nehmen Sie etwa 100 g Haselnußblättchen. Mischen Sie diese mit 100 g geriebenem Käse (z. B. Edamer, Gouda). Diese Mischung auf den Fenchelknollen verteilen und das Gemüse, wie im Rezept beschrieben, überbacken.*

Frühlingsküche

Rosenkohl nach westfälischer Art

Für 4 Portionen

Zubereitungszeit:
ca. 1 Std.

1 kg Rosenkohl

1 l Gemüsebrühe (S. 17)

2 Mettwürste

75 g durchwachsener Speck

2 EL Butter

1 EL Weizenvollkornmehl

⅛ l Milch

Salz, Pfeffer

1 Pr. geriebene Muskatnuß

1 Pr. Vollrohrzucker

1 EL gehackte Petersilie

100 g geriebener Emmentaler

1. Den Rosenkohl putzen, waschen und die Strünke kreuzweise einschneiden. Die Brühe zum Kochen bringen und den Rosenkohl im geschlossenen Topf bei mittlerer Hitze etwa 10 Minuten garen.

2. Inzwischen die Mettwürste in Scheiben schneiden. Den Speck würfeln und in einer Pfanne auslassen. Die Speckwürfelchen herausnehmen und das Bratfett abtropfen lassen.

3. Den Backofen auf 200 °C vorheizen. Den Rosenkohl abgießen und die Brühe auffangen.

4. In einem Topf 1 Eßlöffel Butter zerlassen. Das Mehl hineinstäuben und unter Rühren anschwitzen, bis es Blasen wirft. Die Mehlschwitze mit der Milch und etwa ⅛ l Brühe ablöschen. Alles klümpchenfrei miteinander verrühren und etwa 5 Minuten kochen lassen. Mit den Gewürzen und dem Zucker abschmecken.

5. Eine feuerfeste Form mit etwas Butter ausfetten. Den Rosenkohl, die Mettwürste und die Speckwürfelchen darin verteilen. Das Ganze mit der Sauce begießen und mit der Petersilie bestreuen. Den Käse und die restliche Butter in Flöckchen auf der Rosenkohlmischung verteilen. Das Ganze im Ofen etwa 20 Minuten überbacken.
(auf dem Foto: oben)

AM RANDE BEMERKT ...

■ *Rosenkohl ist reich an Vitamin C und enthält beträchtliche Mineralstoffmengen. Er sollte nicht lange gelagert werden, da die äußeren grünen Blätter der Röschen schnell welken.*

Winterküche

Gratinierter grüner Spargel

Für 4 Portionen

Zubereitungszeit:
ca. 1¼ Std.

1 kg grüner Spargel

3 EL Butter

1 EL Weizenvollkornmehl

⅛ l Milch

150 g süße Sahne

2 EL Weißwein

Salz, Pfeffer

1 Pr. geriebene Muskatnuß

1. Die Spargelstangen am unteren Drittel schälen und die holzigen Enden abschneiden. Sie in reichlich Salzwasser etwa 10 Minuten garen. Anschließend den Spargel aus dem Topf heben und abtropfen lassen, dabei die Garflüssigkeit auffangen. Dann die Stangen halbieren.

2. In einem Topf 1 Eßlöffel Butter zerlassen. Das Mehl hineinstäuben und unter Rühren anschwitzen, bis es Blasen wirft. Die Mehlschwitze mit der Milch und etwa 75 ml Spargelsud ablöschen. Alles klümpchenfrei miteinander verrühren und kurz aufkochen lassen. Die Hälfte der Sahne und den Wein in die Sauce rühren und mit den Gewürzen abschmecken. Nochmals aufkochen lassen und den Topf dann vom Herd nehmen.

3. Die restliche Sahne steifschlagen und unter die Sauce ziehen. Eine flache feuerfeste Form mit etwas Butter ausfetten. Die halbierten Spargelstangen hineinlegen und mit der Sauce übergießen. Die restliche Butter in Flöckchen auf dem Spargel verteilen und das Ganze im Ofen auf der mittleren Schiene etwa 15 Minuten überbacken.
(auf dem Foto: unten)

AM RANDE BEMERKT ...

■ *Frischer Spargel, ob weißer oder grüner, ist ein absolutes Muß in der Frühlingsküche! Die heimische Spargelsaison endet traditionsgemäß am 24. Juni (Johannistag).*

Frühlingsküche

Bohnen-Austernpilz-Gemüse

Für 4 Portionen

Zubereitungszeit:
ca. 30 Min.

500 g Prinzeßbohnen

350 g Tomaten

250 g Austernpilze

1 Zwiebel

75 g durchwachsener Speck

1 EL Butter

Salz, Pfeffer

1 EL gehackte Petersilie

1 EL gehacktes Bohnenkraut

1. Die Bohnen putzen, dabei die Stielenden und die Spitzen abschneiden und eventuell die Fäden abziehen. Die Bohnen dann waschen und in reichlich Salzwasser in etwa 15 Minuten bißfest kochen.

2. Inzwischen die Tomaten über Kreuz einritzen, für etwa 15 Sekunden in kochendes Wasser tauchen, abschrecken und enthäuten. Sie dann von den Stielansätzen befreien, halbieren, entkernen und in kleine Würfel schneiden. Diese dann beiseite stellen.

3. Die Austernpilze putzen, vorsichtig abreiben oder kurz waschen und abtropfen lassen. Große Pilze eventuell zerkleinern. Die Zwiebel schälen und ebenso wie den Speck würfeln.

4. Die Butter in einem Topf zerlassen und den Speck sowie die Zwiebel darin anbraten. Dann die Austernpilze dazugeben und unter vorsichtigem Wenden andünsten.

5. Die Bohnen aus der Garflüssigkeit heben, abtropfen lassen und zusammen mit den Tomatenwürfelchen zu den Pilzen geben. Das Gemüse zugedeckt etwa 5 Minuten dünsten und dann mit Salz und Pfeffer abschmecken. Mit den Kräutern bestreut servieren.
(auf dem Foto: Mitte)

AM RANDE BEMERKT ...

■ *Zur Aromaverstärkung können Sie das gehackte Bohnenkraut mitkochen. Geben Sie es etwa 5 Minuten vor Ende der Garzeit zu dem Gemüse.*

Herbstküche

Gratinierte weiße Rüben

Für 4 Portionen

Zubereitungszeit:
ca. 50 Min.

4 große weiße Rüben

1 Zwiebel

1 EL Butter

Salz, Pfeffer

2 EL gehackte Petersilie

250 g süße Sahne

1 TL Pfeilwurzelmehl

100 g geriebener Emmentaler

1. Den Backofen auf 200 °C vorheizen. Die weißen Rüben waschen, schälen und in hauchdünne Scheiben hobeln. Die Zwiebel schälen und sehr fein würfeln. Die Butter zerlassen und die Zwiebeln glasig dünsten.

2. Eine flache Auflaufform mit der Butter ausfetten. Die Weiße-Rüben-Scheiben schuppenförmig einschichten. Zwischen jede Schicht einige Zwiebelwürfel und etwas Petersilie geben und mit Salz und Pfeffer würzen.

3. Die Sahne mit dem Pfeilwurzelmehl verrühren und auf die weißen Rüben gießen. Den Käse darauf verteilen und das Ganze im Ofen etwa 30 Minuten backen.
(auf dem Foto: oben)

Winterküche

Zucchini-Tomaten-Pfanne

Für 4 Portionen

Zubereitungszeit:
ca. 20 Min.

5 Frühlingszwiebeln

400 g Zucchini

300 g Tomaten

1 Knoblauchzehe

2 EL Olivenöl

Salz, Pfeffer

1 EL gehackter Oregano

1 EL gehacktes Basilikum

1. Das Gemüse putzen und waschen. Die Frühlingszwiebeln in Ringe und die Zucchini in Scheiben schneiden. Die Tomaten von den Stielansätzen befreien und achteln. Den Knoblauch schälen und durch die Presse drücken.

2. Das Öl in einer Pfanne erhitzen. Den Knoblauch und die Frühlingszwiebeln darin glasig dünsten. Die Zucchini und die Tomaten hinzufügen und alles bei schwacher Hitze etwa 5 Minuten garen, dabei ab und zu vorsichtig wenden.

3. Das Gemüse salzen, pfeffern und mit den Kräutern bestreuen.
(auf dem Foto: unten)

Sommerküche

Süß-saure Kürbiswürfel

Ergibt ca. 2½ Liter

Zubereitungszeit: ca. 1 Std.

Marinierzeit: ca. 12 Std.

1½ kg Kürbis (ca. 1 kg Fruchtfleisch)
200 ml Apfelessig
1½ l Apfelwein
500 g Honig
1 Zitrone
1 Stück Ingwerwurzel (ca. 2 cm)
1 Zimtstange
10 Gewürznelken

1. Den Kürbis schälen, von dem weichen Faserteil sowie den Kernen befreien und das feste Fruchtfleisch in Würfel schneiden. Diese in eine Schüssel geben, mit dem Essig beträufeln und über Nacht zugedeckt durchziehen lassen.

2. Danach die Kürbiswürfel abtropfen lassen. Den Apfelwein mit dem Honig in einem großen Topf aufkochen und etwa 5 Minuten kochen lassen. Die Kürbisstücke dazugeben und in etwa 10 Minuten darin bißfest garen.

3. Die Zitrone unter heißem Wasser abwaschen und in dünne Scheiben schneiden. Diese nochmals vierteln. Den Ingwer schälen und in feine Scheiben schneiden. Diese zusammen mit den Zitronenstückchen und den anderen Gewürzen zum Kürbis geben.

4. Alles nochmals aufkochen lassen und heiß in Einmachgläser füllen. Diese verschließen und den Inhalt langsam abkühlen lassen. Die Kürbiswürfel kühl lagern.

AM RANDE BEMERKT ...

■ *Süß-sauer eingelegtes Gemüse können Sie als Beigabe zur Vesper oder zum Fleischfondue essen.*

Herbstküche

Lauchzwiebel-Stachelbeer-Chutney

Ergibt ca. ½ Liter

Zubereitungszeit:
ca. 1 Std.

- **300 g Lauchzwiebeln**
- **400 g Stachelbeeren**
- **150 ml Weißwein**
- **300 g Vollrohrzucker**
- **1 EL fein geriebene Ingwerwurzel**
- **1 Pr. Pfeffer**
- **1 Msp. gemahlener Piment**
- **1 EL grüne Pfefferkörner**

1. Die Lauchzwiebeln putzen, waschen und in feine Ringe schneiden. Die Beeren von den Stielen befreien und waschen.

2. Nun den Wein, den Vollrohrzucker und die Gewürze bis auf den grünen Pfeffer zusammen mit den Lauchzwiebeln sowie den Stachelbeeren zum Kochen bringen. Alles etwa 30 Minuten bei mittlerer Hitze im geschlossenen Topf kochen lassen.

3. Den Topfinhalt pürieren und den grünen Pfeffer darunterrühren. Das Lauchzwiebel-Stachelbeer-Chutney noch heiß in Einmachgläser (Fassungsvermögen insgesamt ca. ½ Liter) füllen. Diese verschließen und den Inhalt langsam abkühlen lassen. Das Chutney kühl lagern.

AM RANDE BEMERKT ...

■ *Dieses Chutney eignet sich, in ein dekoratives, gut schließendes Gefäß gefüllt, hervorragend als Geschenk.*

Sommerküche

Gurken-Relish

Ergibt ca. ½ Liter

Zubereitungszeit: ca. 30 Min.

Zeit zum Durchziehen: ca. 12 Std.

- **4 Salatgurken**
- **4 Lauchzwiebeln**
- **1 Bund Dill**
- **5 EL Salz**
- **1 Stück Ingwerwurzel (ca. 2 cm)**
- **¼ l Apfelessig**
- **3 EL Senfkörner, Pfeffer**

1. Die Gurken schälen, grob zerkleinern und pürieren. Die Lauchzwiebeln putzen, waschen und fein hacken. Den Dill waschen, trockentupfen und fein wiegen.

2. Das Gemüse mit dem Salz mischen, in ein großes, feinmaschiges Sieb geben und über Nacht abtropfen lassen.

3. Am Tag der Zubereitung den Ingwer schälen und fein würfeln. Den Essig mit den Senfkörnern, dem Ingwer und etwas Pfeffer verrühren. Diese Marinade mit dem abgetropften Gurkenmus mischen und in Einmachgläser (Fassungsvermögen insgesamt ca. ½ Liter) füllen. Kühl lagern und innerhalb von 10 Wochen verbrauchen. *(auf dem Foto: oben)*

Sommerküche

Sommergemüse-Relish

Ergibt ca. ½ Liter

Zubereitungszeit:
ca. 1 Std.

- **1 kleine gelbe Paprikaschote**
- **1 kleine rote Paprikaschote**
- **300 g Tomaten**
- **1 kleine Aubergine**
- **1 Zucchini**
- **3 Knoblauchzehen**
- **1 EL Tomatenmark**
- **¼ l Weißwein**
- **100 ml Apfelessig**
- **150 g brauner Kandiszucker**
- **Salz, Pfeffer**
- **1 EL gerebelter Thymian**
- **1 Pr. Cayennepfeffer**

1. Die Paprikaschoten putzen, waschen, halbieren, entkernen und in Würfel schneiden. Die Tomaten über Kreuz einritzen, für etwa 15 Sekunden in kochendes Wasser tauchen, abschrecken und enthäuten. Sie dann von den Stielansätzen befreien, halbieren, entkernen und das Fruchtfleisch in kleine Stücke schneiden.

2. Die Aubergine und die Zucchini putzen, waschen und würfeln. Den Knoblauch schälen und durch die Presse drücken.

3. Das vorbereitete Gemüse in einen großen Topf geben. Alle weiteren Zutaten hinzufügen und das Ganze zum Kochen bringen. Etwa 30 Minuten bei mittlerer Hitze im geschlossenen Topf kochen lassen.

4. Das heiße Relish in Einmachgläser (Fassungsvermögen insgesamt ca. ½ Liter) füllen. Diese verschließen und den Inhalt langsam abkühlen lassen. Das Relish kühl lagern.
(auf dem Foto: Mitte)

Sommerküche

Paprika-Tomaten-Chutney

Ergibt ca. ½ Liter

Zubereitungszeit:
ca. 1 Std.

- **1 große rote Paprikaschote**
- **1 große grüne Paprikaschote**
- **500 g Tomaten**
- **250 g Zwiebeln**
- **200 ml Apfelessig**
- **200 g brauner Kandiszucker**
- **Salz**
- **1 Pr. Nelkenpulver**
- **1 Pr. Paprikapulver**
- **1 EL Senfkörner**
- **1 EL schwarze Pfefferkörner**

1. Die Paprikaschoten putzen, waschen, halbieren, entkernen und in Würfel schneiden. Die Tomaten über Kreuz einritzen, für etwa 15 Sekunden in kochendes Wasser tauchen, abschrecken und enthäuten. Sie dann von den Stielansätzen befreien, halbieren, entkernen und das Fruchtfleisch in Stücke schneiden. Die Zwiebeln schälen und fein würfeln.

2. Das Gemüse mit dem Essig, dem Kandiszucker sowie den Gewürzen aufkochen und etwa 40 Minuten bei mittlerer Hitze zugedeckt kochen lassen. Dabei gelegentlich umrühren.

3. Danach den heißen Topfinhalt in Einmachgläser (Fassungsvermögen insgesamt ca. ½ Liter) füllen und diese verschließen. Das Chutney langsam abkühlen lassen und dann kühl lagern.
(auf dem Foto: unten)

AM RANDE BEMERKT …

■ *Nutzen Sie im Sommer das üppige Angebot an Paprika und Tomaten, um dieses Chutney zuzubereiten. Da es sich mehrere Wochen hält, können Sie es auch außerhalb der Saison zu kaltem Rindfleisch oder zum Fondue servieren.*

Sommerküche

Hauptgerichte

Winterliche Gemüsepfanne

Für 4 Portionen

Zubereitungszeit: ca. 45 Min.

- 250 g Möhren
- 250 g Knollensellerie
- 1 Stange Lauch
- 200 g Rosenkohl
- 2 rote Zwiebeln
- 2 EL Butter
- 200 ml Gemüsebrühe (S. 17)
- 1 TL Pfeilwurzelmehl
- 100 g Crème fraîche
- 1 EL Kapern
- 1 Pr. Zitronenpfeffer
- 1 Pr. Paprikapulver
- 1 Pr. geriebene Muskatnuß
- 2 EL gehackte Petersilie

1. Das Gemüse putzen und schälen oder waschen. Möhren und Sellerie in 3 cm lange Stifte und den Lauch in Ringe schneiden. Kleine Rosenkohlröschen ganz belassen und an den Strünken kreuzförmig einschneiden. Größere Röschen halbieren. Die Zwiebeln schälen und in 1 cm dicke Ringe schneiden.

2. Die Butter in einer Pfanne mit hohem Rand zerlassen. Zunächst die Zwiebeln darin glasig dünsten. Dann das vorbereitete Gemüse dazugeben und kurz mitdünsten. Von der Gemüsebrühe etwa 5 Eßlöffel hinzufügen und das Gemüse in der geschlossenen Pfanne bei mittlerer Hitze in etwa 15 Minuten bißfest garen.

3. Nun das Pfeilwurzelmehl mit der restlichen Brühe anrühren und in das Gemüse hineinrühren. Die Crème fraîche sowie die Kapern dazugeben und sorgfältig unterrühren. Aufkochen lassen und noch etwa 3 Minuten bei schwacher Hitze köcheln lassen. Die Gemüsepfanne mit den Gewürzen abschmecken und mit der Petersilie bestreut servieren.

Dazu passen Salzkartoffeln oder Dinkel-Vollkornnudeln.
(auf dem Foto: oben)

AM RANDE BEMERKT ...

■ *Pfeilwurzelmehl ist ein aus den Knollen und Wurzeln bestimmter tropischer Pfeilwurzgewächse, z. B. Maniok, gewonnenes Stärkemehl. Es ist geschmacksneutral, klumpt nicht und ist daher ideal zum Binden von Suppen, Saucen und Süßspeisen.*

Winterküche

Getreiderisotto mit Gemüse

Für 4 Portionen

Zubereitungszeit: ca. 45 Min.

- 1 Zwiebel
- 2 EL Butter
- 200 g Getreiderisotto (Mischung aus dem Naturkostladen)
- 400 ml Wasser
- 300 g Möhren
- 1 Kohlrabi
- 5 Frühlingszwiebeln
- 1 EL gehackter Estragon
- Salz, Pfeffer
- 2 EL gehackte Petersilie

1. Die Zwiebel schälen und fein würfeln. Die Hälfte der Butter in einem Topf zerlassen und die Zwiebelwürfel darin andünsten. Die Risottomischung dazugeben und unter Rühren kurz mitdünsten. Das Wasser angießen. Kurz aufkochen und bei schwacher Hitze im geschlossenen Topf etwa 30 Minuten ausquellen lassen.

2. In der Zwischenzeit die Möhren waschen, den Kohlrabi schälen und beides in gleich große Würfel schneiden. Die Frühlingszwiebeln putzen, waschen und in Ringe schneiden.

3. Die restliche Butter zerlassen und das Gemüse darin andünsten. Mit Estragon, Salz und Pfeffer abschmecken.

4. Sobald die Risottomischung die Garflüssigkeit vollständig aufgesogen hat, das Gemüse und die Petersilie damit vermengen und sofort servieren.
(auf dem Foto: unten)

VARIATION

■ *Dieses unkomplizierte Gemüsegericht können Sie auch mit einer Hafer-Risotto-Mischung oder mit Hirsotto aus dem Naturkostladen zubereiten. Bitte beachten Sie die individuellen Gar- und Quellzeiten dieser Produkte.*

Frühlingsküche

Gefüllte Gemüsezwiebeln

Für 4 Portionen

Zubereitungszeit: ca. 1¼ Std.

Einweichzeit: ca. 12 Std.

250 g getrocknete rote Bohnen

½ l Gemüsebrühe (S. 17)

4 Gemüsezwiebeln (à ca. 200 g)

2 gelbe Paprikaschoten

3 Tomaten

1 Knoblauchzehe

1 EL Öl

Salz, Pfeffer

2 EL gemischte, gehackte Kräuter (z. B. Majoran, Dill, Schnittlauch)

2 EL Butter

2 EL geriebener Parmesan

150 ml Weißwein

1 EL Weizenvollkornmehl

200 g süße Sahne

1 Pr. Safranpulver

1. Die Bohnen über Nacht in reichlich Wasser einweichen. Danach das Wasser abschütten und die Bohnen in 400 ml Brühe in etwa 20 Minuten weich kochen.

2. Inzwischen die Zwiebeln schälen. Reichlich Salzwasser zum Kochen bringen und die Zwiebeln darin etwa 5 Minuten sprudelnd garen. Sie dann aus dem Topf heben und abtropfen lassen. Mit einem scharfen Messer aushöhlen. Das Innere fein würfeln.

3. Den Backofen auf 200 °C vorheizen. Die Paprikaschoten putzen, halbieren, waschen, entkernen und fein würfeln. Die Tomaten waschen, von den Stielansätzen befreien und ebenfalls in feine Würfel schneiden. Den Knoblauch schälen und durch die Presse drücken. Das Öl erhitzen und den Knoblauch sowie die Paprikawürfel darin andünsten.

4. Die gegarten Bohnen aus dem Topf heben, abtropfen lassen und zusammen mit den Tomaten- sowie den Zwiebelwürfelchen zur Paprika geben. Das Ganze kurz andünsten, dabei ab und zu wenden. Mit Salz sowie Pfeffer würzen und mit den Kräutern abschmecken.

5. Eine Auflaufform mit 1 Eßlöffel Butter ausfetten. Die ausgehöhlten Zwiebeln hineinsetzen und mit der Gemüsemasse füllen. Den Parmesan darauf streuen. Nun den Wein in die Form gießen und die Zwiebeln im Ofen etwa 25 Minuten garen.

6. Nach dieser Zeit den Wein abgießen und auffangen. Die gegarten Zwiebeln warm stellen.

7. Die restliche Butter in einem Topf zerlassen. Das Mehl hineinstäuben und darin anschwitzen, bis es Blasen wirft. Die Mehlschwitze mit dem aufgefangenen Wein, der restlichen Gemüsebrühe sowie der Sahne ablöschen. Alles klümpchenfrei miteinander verrühren und kurz aufkochen lassen.

8. Die Sauce mit dem Safran, etwas Salz sowie Pfeffer abschmecken und zu den Zwiebeln reichen.

Dazu passen Dinkelino, Salzkartoffeln oder Naturreis.

Sommerküche

Hafer-Spinat-Bratlinge

Für 4 Portionen

Zubereitungszeit:
ca. 50 Min.

150 ml Milch

200 g Haferschrot

1 Zwiebel

1 Knoblauchzehe

300 g Blattspinat

1 EL Butter

2 Eier

50 g Magerquark

1 EL Sesamsamen

Salz, Pfeffer

1 Pr. gemahlener Koriander

1 Pr. geriebene Muskatnuß

2 EL Öl oder Kokosfett

1. Die Milch zum Kochen bringen. Das Haferschrot hineinrieseln lassen, einmal aufkochen und dann vom Herd nehmen. Das Getreide im geschlossenen Topf in etwa 25 Minuten ausquellen lassen.

2. Inzwischen die Zwiebel sowie den Knoblauch schälen und fein würfeln. Den Spinat putzen, gründlich waschen und verlesen. Ihn dann abtropfen lassen und fein hacken.

3. Die Butter in einem großen Topf zerlassen. Die Zwiebel- und die Knoblauchwürfelchen darin glasig dünsten. Den Spinat hinzufügen, kurz mitdünsten und zusammenfallen lassen. Ihn dann in ein Sieb geben und abtropfen lassen, eventuell leicht ausdrücken.

4. Die Eier trennen. Die Eiweiße steifschlagen. Die Eigelbe mit dem Quark sowie den Sesamsamen verrühren und mit dem ausgequollenen Haferschrot vermengen. Nun zuerst den abgetropften Spinat und dann den Eischnee unter die Hafermasse heben. Das Ganze mit den Gewürzen kräftig abschmecken.

5. Das Öl oder Fett in einer Pfanne erhitzen. Aus der Hafer-Spinat-Masse mit Hilfe von 2 großen Löffeln Bratlinge formen und diese in der Pfanne von jeder Seite etwa 5 Minuten knusprig braten.
(auf dem Foto: oben)

Dazu passen Bratkartoffeln sowie ein Joghurtdip (S. 58).

Herbstküche

Sellerietaler mit Möhrensauce

Für 4 Portionen

Zubereitungszeit:
ca. 1 Std.

- 600 g Knollensellerie
- Salz, Pfeffer
- 1 EL Zitronensaft
- 250 g Möhren
- 1 Zwiebel
- 1 EL Butter
- 100 ml Gemüsebrühe (S. 17)
- 75 g Frischkäse
- 75 g Emmentaler
- 150 g Vollkornsemmelbrösel
- 2 EL Sesamsamen
- 2 Eier
- 100 g Weizenvollkornmehl
- 3 EL Öl oder Kokosfett
- 2 EL gehackte Petersilie

1. Den Sellerie putzen, schälen, waschen und in 1 bis 2 cm dicke Scheiben schneiden. Diese in etwas Salzwasser in etwa 10 Minuten bißfest garen. Die Scheiben dann herausnehmen, abtropfen lassen, mit Salz sowie Pfeffer würzen und mit Zitronensaft beträufeln.

2. Für die Sauce die Möhren waschen und die Zwiebel schälen. Beide Zutaten fein würfeln. Die Butter in einem Topf zerlassen. Die Zwiebel- und die Möhrenwürfel darin andünsten.

3. Die Brühe angießen und die Möhren im geschlossenen Topf bei mittlerer Hitze etwa 15 Minuten garen. Sie danach pürieren und den Frischkäse darunterrühren. Mit Salz sowie Pfeffer abschmecken und bis zur Weiterverwendung warm halten.

4. Den Käse fein reiben und mit den Semmelbröseln sowie dem Sesam mischen. Die Eier verquirlen. Die Selleriescheiben zunächst im Mehl und dann in den Eiern wenden. Überschüssiges Ei abtropfen lassen. Sie dann von beiden Seiten in der Käse-Sesam-Panade panieren, dabei die Panade fest andrücken.

5. Das Öl oder Fett in einer Pfanne erhitzen und die panierten Selleriescheiben darin von beiden Seiten goldgelb braten. Die Petersilie unter die Möhrensauce rühren und diese zusammen mit den Sellerietalern servieren.
(auf dem Foto: unten)

Dazu passen Salzkartoffeln.

Winterküche

Kartoffelauflauf

Für 4 Portionen

Zubereitungszeit:
ca. 1¼ Std.

1 Zwiebel
1 EL Sonnenblumenöl
500 g Kartoffeln
400 g Brokkoli
400 g Blumenkohl
Salz
200 g süße Sahne
1 Ei
3 EL gemischte, gehackte Kräuter
Pfeffer
150 g Butterkäse
1 EL Butter

1. Die Zwiebel schälen und würfeln. Das Öl erhitzen und die Zwiebel darin glasig dünsten.

2. Die Kartoffeln schälen und in dünne Scheiben schneiden. Den Brokkoli sowie den Blumenkohl putzen, waschen und in Röschen zerteilen.

3. Nacheinander die Kartoffeln sowie die Brokkoli- und die Blumenkohlröschen in Salzwasser jeweils 5 Minuten blanchieren. Die Kartoffeln getrennt von dem Gemüse aufbewahren.

4. Den Backofen auf 220 °C vorheizen. Die Sahne mit dem Ei sowie den Kräutern verrühren und mit Salz sowie Pfeffer abschmecken. Den Käse reiben und unter die Sahnemischung heben.

5. Eine Auflaufform ausfetten. Das Gemüse und die Kartoffelscheiben hineinschichten, dabei mit Kartoffeln abschließen. Die Käsesahne darübergießen und alles etwa 30 Minuten im Ofen backen.

AM RANDE BEMERKT ...

■ *Dieser Auflauf ist, ergänzt mit frischem Salat, bereits ein Hauptgericht. Wer noch eine weitere Beilage wünscht, kann Mettwürstchen dazu essen.*

Sommerküche

Rheinischer Kartoffelkuchen

Für 4 Portionen

Zubereitungszeit: ca. 2¾ Std.

- 2 Schrotbrötchen vom Vortag
- ¼ l Milch
- 1 große Zwiebel
- 200 g Bauchspeck
- 2 kg Kartoffeln
- 2 Äpfel
- 3 Eier
- 1 TL Pfeilwurzelmehl
- Salz, Pfeffer
- 1 EL Schnittlauchröllchen
- 2 EL Butter

1. Die Brötchen in der Milch einweichen. Ausdrücken und die Milch dabei auffangen. Die Zwiebel schälen und ebenso wie den Speck fein würfeln.

2. Die Kartoffeln und die Äpfel schälen, reiben und zusammen in ein Küchentuch aus Stoff geben. Beides kräftig ausdrücken.

3. Die Eier, die Zwiebelwürfel, die ausgedrückten Brötchen und den Speck in einer großen Schüssel mit den Kartoffeln und den Äpfeln mischen. Das Pfeilwurzelmehl mit der Hälfte der aufgefangenen Milch, etwas Salz und Pfeffer verrühren. Sie zusammen mit den Schnittlauchröllchen unter die Kartoffelmasse mischen.

4. Den Backofen auf 220 °C vorheizen. Eine Auflaufform oder einen Bräter aus Gußeisen großzügig ausfetten und die Kartoffelmasse hineinfüllen. Den Kartoffelkuchen etwa 2 Stunden auf der mittleren Schiene im Ofen backen. Sollte die Oberfläche zu stark bräunen, sie mit Alufolie abdecken.

VARIATION

■ *Wenn Sie keinen Speck mögen, können Sie dieses Kartoffelgericht auch ohne diese Zutat zubereiten.*

Winterküche

Kartoffelgnocchi mit Pilzragout

Für 4 Portionen

Zubereitungszeit: ca. 1 Std.

Für die Gnocchi:

- 800 g mehligkochende Kartoffeln
- 200 g Dinkelvollkorngrieß
- 2 Eigelb, 5 EL Butter
- 3 EL Weizenvollkornmehl
- Salz

Für das Pilzragout:

- 1 Zwiebel
- 400 g gemischte Pilze (z. B. Austernpilze, braune Champignons, Steinpilze, Pfifferlinge)
- 2 EL Butter
- 2 EL Haferflocken
- 5 EL Weißwein
- 150 ml Gemüsebrühe (S. 17)
- 75 g süße Sahne
- Salz, Pfeffer
- 1 Pr. geriebene Muskatnuß
- 1 Pr. Cayennepfeffer
- 3 EL gemischte, gehackte Kräuter (z. B. Sauerampfer, Melisse, Kresse, Minze, Petersilie)

1. Die Kartoffeln waschen und bei mittlerer Hitze im geschlossenen Topf etwa 30 Minuten garen. Sie dann schälen und durch die Kartoffelpresse drücken oder zerstampfen. Den Grieß, die Eigelbe, die Butter, 2 Eßlöffel Mehl sowie etwas Salz unter den Kartoffelbrei mischen und das Ganze zu einer einheitlichen Masse verarbeiten.

2. In einem großen Topf reichlich Salzwasser zum Kochen bringen. Aus der Kartoffelmasse mit leicht bemehlten Händen kleine Klöße formen. Diese in das siedende Wasser geben und bei schwacher Hitze garziehen lassen, bis sie an die Oberfläche steigen. Gegarte Gnocchi mit dem Schaumlöffel aus dem Wasser heben, abtropfen lassen und warm stellen.

3. Für das Pilzragout die Zwiebel schälen und fein würfeln. Die Pilze putzen, waschen und kleinschneiden. Die Butter in einer Pfanne erhitzen. Die Zwiebel darin andünsten, dann die Pilze dazugeben und ebenfalls dünsten.

4. Die Haferflocken, den Wein, die Brühe und die Sahne zu den Pilzen geben und alles kurz aufkochen. Das Pilzragout mit den Gewürzen und den Kräutern abschmecken und zu den Gnocchi servieren.
(auf dem Foto: oben)

Herbstküche

Kartoffelflecken mit Sauerkraut

Für 4 Portionen

Zubereitungszeit: ca. 1¼ Std.

- 750 g rohes Sauerkraut
- 1 große Zwiebel
- 1 Knoblauchzehe
- 2 EL Sonnenblumenöl
- 1 TL Kümmel
- 1 TL Wacholderbeeren
- 2 Lorbeerblätter
- 1 TL Gewürznelken
- Salz, Pfeffer
- ¼ l Weißwein
- 1 kg Kartoffeln
- 2 Eier
- 1 Pr. geriebene Muskatnuß
- 200 g Weizenvollkornmehl
- 5 EL Öl oder Kokosfett
- 1 TL Pfeilwurzelmehl

1. Das Sauerkraut kurz waschen und abtropfen lassen. Die Zwiebel sowie den Knoblauch schälen und würfeln. In einem Topf 2 Eßlöffel Öl erhitzen. Zwiebel- und Knoblauchwürfel darin andünsten. Dann das Sauerkraut zusammen mit den Gewürzen dazugeben und mit dem Wein auffüllen. Im geschlossenen Topf bei mittlerer Hitze etwa 40 Minuten garen.

2. In der Zwischenzeit die Kartoffeln kochen, pellen und zerstampfen. Den Kartoffelbrei abkühlen lassen.

3. Die Eier mit Salz und Muskat verrühren und das Mehl bis auf 3 Eßlöffel daruntermischen. Diese Mischung zu den Kartoffeln geben und alles zu einem glatten Teig verkneten.

4. Den Teig auf einer bemehlten Arbeitsfläche etwa ½ cm dick ausrollen und daraus 4 gleich große Quadrate schneiden. Das Öl oder Fett portionsweise in einer Pfanne erhitzen und nacheinander die Teigflecken goldgelb ausbacken. Zum Abtropfen auf ein Gitter oder auf ein Küchentuch legen und bis zur Weiterverwendung warm halten.

5. Die Lorbeerblätter und die Gewürznelken aus dem Sauerkraut entfernen. Das Pfeilwurzelmehl mit etwas kaltem Wasser anrühren und das Sauerkraut damit binden. Das Ganze etwa 5 Minuten köcheln lassen und danach portionsweise auf den Kartoffelflecken verteilen. Diese aufrollen und sofort noch heiß servieren. *(auf dem Foto: unten)*

Winterküche

Kohlrabiauflauf

Für 4 Portionen

Zubereitungszeit:
ca. 1¼ Std.

1 kg Kohlrabi
¼ l Gemüsebrühe (S. 17)
2 Zwiebeln
1 Knoblauchzehe
2 junge Bundmöhren
3 EL Butter
500 g gemischtes Hackfleisch
Salz, Pfeffer
1 Pr. Paprikapulver
2 Eigelb
1 EL gehackte Petersilie
100 g süße Sahne
2 EL Parmesan

1. Die Kohlrabi putzen, schälen und in Stifte schneiden. Die Brühe zum Kochen bringen und die Kohlrabistifte darin etwa 5 Minuten blanchieren. Die Brühe abgießen und dabei auffangen. Die Kohlrabi bis zur Weiterverwendung beiseite stellen.

2. Die Zwiebeln sowie den Knoblauch schälen und fein würfeln. Die Möhren putzen, waschen und in kleine Würfel schneiden.

3. Den Backofen auf 200 °C vorheizen. In einer Pfanne 2 Eßlöffel Butter zerlassen. Die Zwiebeln und den Knoblauch darin glasig dünsten. Die Möhren hinzufügen und in etwa 10 Minuten bißfest dünsten. Den Topf dann vom Herd nehmen.

4. Das Hackfleisch kräftig würzen. Es mit der Gemüsemischung und 1 Eigelb verrühren.

5. Eine flache Auflaufform mit 1 Eßlöffel Butter ausfetten. Die Hälfte der Kohlrabistifte darin verteilen. Nun die Hackfleisch-Gemüse-Mischung darauf geben und diese mit den restlichen Kohlrabistiften bedecken. Die Oberfläche mit der Petersilie bestreuen.

6. Die Sahne mit etwa 100 ml der aufgefangenen Brühe, dem restlichen Eigelb und dem Parmesan verquirlen. Diese Mischung auf den Auflauf gießen und ihn im Ofen etwa 30 Minuten überbacken.
(auf dem Foto: oben)

VARIATION

■ *Für eine fleischlose Variante dieses Auflaufs ergänzen Sie die Gemüsemischung mit 300 g in dünne Scheiben gehobelten Kartoffeln sowie mit 3 in Ringen geschnittenen Frühlingszwiebeln und schichten abwechselnd die Kohlrabistifte und die Gemüsemischung in die Form.*

Frühlingsküche

Lammfleisch-Nudel-Gratin

Für 4 Portionen

Zubereitungszeit:
ca. 1¼ Std.

250 g Dinkel-Spiralnudeln
300 g Brokkoli
250 g grüne Bohnen
1 gelbe Paprikaschote
1 Zwiebel
1 Knoblauchzehe
1 EL Sonnenblumenöl
500 g gehacktes Lammfleisch
Salz, Pfeffer
1 Pr. Paprikapulver
1 TL gehackte Zitronenmelisse
350 g Tomaten
150 g saure Sahne
1 EL Butter
150 g Emmentaler

1. Die Spiralnudeln in reichlich Salzwasser in etwa 8 Minuten bißfest kochen. Dann abgießen und in einem Sieb abtropfen lassen.

2. Den Brokkoli putzen, dabei von den harten Stielen befreien, waschen und in Röschen zerteilen. Diese in Salzwasser etwa 5 Minuten blanchieren. Dann herausheben, abtropfen lassen und beiseite stellen.

3. Die Bohnen waschen, entfädeln und die Spitzen abschneiden. Lange Bohnen eventuell halbieren. Sie dann in Salzwasser etwa 10 Minuten sprudelnd kochen. Inzwischen die Paprika waschen, halbieren, entkernen und in Streifen schneiden.

4. Die Zwiebel und den Knoblauch schälen und fein würfeln. Das Öl in einer Pfanne erhitzen. Hackfleisch, Zwiebel und Knoblauch darin scharf anbraten. Alles kräftig würzen und die Zitronenmelisse dazugeben. Die Mischung vom Herd nehmen.

5. Den Backofen auf 200 °C vorheizen. Die Tomaten über Kreuz einritzen, für etwa 15 Sekunden in kochendes Wasser tauchen, abschrecken und enthäuten. Sie von den Stielansätzen befreien, halbieren und das Fruchtfleisch würfeln. Mit der sauren Sahne zum Fleisch geben und alles miteinander vermengen.

6. Eine Auflaufform ausfetten. Den Käse reiben. Die Nudeln, die 3 Gemüsesorten sowie das Fleisch abwechselnd in die Form schichten. Die oberste Schicht mit dem Käse bestreuen und das Ganze im Ofen etwa 20 Minuten überbacken.
(auf dem Foto: unten)

Sommerküche

Rote Beten mit Hackfleischfüllung

Für 4 Portionen

Zubereitungszeit: ca. 1½ Std.

4 große rote Beten
Salz
1 Zwiebel
1 Knoblauchzehe
250 g gemischtes Hackfleisch
Pfeffer
1 Pr. Paprikapulver
1 Msp. Kümmel
2 EL Butter
3 EL geriebener Parmesan
200 g süße Sahne
1 Eigelb
1 EL gehackte Petersilie

1. Die roten Beten putzen, unter fließendem Wasser abbürsten und in reichlich Salzwasser etwa 45 Minuten garen.

2. Inzwischen die Zwiebel und den Knoblauch schälen und in kleine Würfel schneiden. Das Hackfleisch mit diesen Zutaten mischen und mit Salz, Pfeffer sowie den Gewürzen kräftig würzen. Diese Mischung bis zur Weiterverwendung kühl stellen.

3. Die gegarten roten Beten mit kaltem Wasser abschrecken, schälen und bis auf einen etwa 2 cm dicken Rand aushöhlen. Anschließend das Fruchtfleisch pürieren.

4. Den Backofen auf 220 °C vorheizen. Eine Auflaufform mit etwas Butter ausfetten. Das Hackfleisch mit dem Rote-Bete-Püree sowie dem Parmesan vermengen. Die ausgehöhlten roten Beten in die Form setzen und mit der Hackfleischmasse füllen.

5. Die Sahne mit dem Eigelb sowie der Petersilie verquirlen und um die roten Beten gießen. Die restliche Butter in Flöckchen auf die Hackfleischfüllung setzen und alles im Ofen etwa 30 Minuten überbacken.

AM RANDE BEMERKT …

■ *Rote Bete speichert besonders viel Nitrat. Da Bioland-Bauern auf Stickstoffdüngung verzichten, ist rote Bete aus Bioland-Anbau weitaus weniger nitratbelastet als solche aus dem konventionellen Gemüseanbau. Geben Sie auch daher Gemüse aus ökologischem Anbau immer den Vorzug.*

VARIATION

■ *Für eine vegetarische Grünkernfüllung benötigen Sie je etwa 100 g gequollenes Grünkernschrot, in feine Streifen gehobeltes Weißkraut sowie kleingewürfelte Möhren. Schmecken Sie diese Mischung statt mit Kümmel mit Knoblauch ab, und verrühren Sie die Sahne-Eigelb-Mischung mit Petersilie und Schnittlauch.*

Winterküche

Herzhaft gefüllte Auberginen

Für 4 Portionen

Zubereitungszeit:
ca. 1½ Std.

4 Auberginen

Salz

2 Zwiebeln

1 Knoblauchzehe

½ grüne Paprikaschote

5 EL Sonnenblumenöl

250 gehacktes Lammfleisch

3 Tomaten

Pfeffer

Paprikapulver

1 Pr. Kreuzkümmel

1 Pr. Cayennepfeffer

1 EL Butter

¼ l Gemüsebrühe (S. 17)

1. Die Auberginen waschen und von den Stielansätzen befreien. Das obere Drittel jeder Frucht der Länge nach abschneiden und beiseite legen. Die Auberginen aushöhlen, dabei das Fruchtfleisch aufheben. Die Innenseiten jeweils mit etwas Salz einreiben und etwa 1 Stunde ruhen lassen.

2. Zwischenzeitlich für die Füllung die Zwiebeln sowie den Knoblauch schälen und fein würfeln. Die Paprikaschote waschen, entkernen und ebenfalls fein würfeln. Das Fruchtfleisch sowie die abgeschnittenen Teile der Auberginen kleinschneiden.

3. In einem Topf 1 Eßlöffel Öl erhitzen und die Zwiebeln, den Knoblauch und das Hackfleisch darin kräftig anbraten. Die Paprika- und die Auberginenstückchen dazugeben und alles etwa 10 Minuten schmoren lassen, dabei ab und zu wenden.

4. Die Tomaten über Kreuz einritzen, für etwa 15 Sekunden in kochendes Wasser tauchen, abschrecken und enthäuten. Sie dann von den Stielansätzen befreien, halbieren, entkernen und in kleine Würfel schneiden. Diese zum Fleisch geben und alles herzhaft würzen.

5. Den Backofen auf 200 °C vorheizen. Eine Auflaufform mit der Butter ausfetten. Das restliche Öl erhitzen und die Auberginenhälften kurz darin anbraten. Sie mit der Fleisch-Gemüse-Mischung füllen und in die Form setzen. Mit der Brühe übergießen und im Ofen etwa 20 Minuten garen.

Dazu paßt Vollkornreis.

AM RANDE BEMERKT ...

■ *In ihrer Heimat, den Tropen, in Indien, China und Ägypten, findet die wärmeliebende Aubergine optimale Wachstumsbedingungen vor, während sie bei uns meist nur im Gewächshaus gedeiht.*

VARIATION

■ *Tauschen Sie das Hackfleisch gegen 200 g Schafskäse aus. Zerdrücken Sie ihn zusammen mit 2 Eßlöffeln Olivenöl und etwas getrocknetem Oregano zu einer glatten Paste. Nun Zwiebeln, Knoblauch sowie die gedünsteten Gemüsestücke damit vermengen und die Füllung mit Salz und Pfeffer abschmecken. Vor dem Servieren mit Pinienkernen bestreuen.*

Sommerküche

Thüringer Rotkrautwickel

Für 4 Portionen

Zubereitungszeit: ca. 1¼ Std.

- 8 große Rotkohlblätter
- 1 Zwiebel
- 1 EL Apfelessig
- Salz, 1 Pr. Vollrohrzucker
- 2 Gewürznelken
- 1 Lorbeerblatt
- 250 g Champignons
- 750 g Rinderhackfleisch
- 4 EL Paniermehl
- 1 Ei
- 1 EL gehackte Petersilie
- Pfeffer
- 2 EL Butter
- ¼ l Gemüsebrühe (S. 17)
- 1 TL Pfeilwurzelmehl
- 5 EL Rotwein
- 75 g saure Sahne

1. Die Rotkohlblätter waschen und tropfnaß in einen großen Topf legen. Die Zwiebel schälen und fein hacken. Die Hälfte der Zwiebel zusammen mit Essig, Salz, Vollrohrzucker sowie den Gewürzen zum Rotkohl geben. Nun so viel Wasser angießen, daß die Kohlblätter damit bedeckt sind. Alles im geöffneten Topf etwa 10 Minuten köcheln lassen. Die Blätter danach aus dem Topf heben, abtropfen lassen und auf einer Arbeitsfläche ausbreiten.

2. Die Pilze putzen, vorsichtig abreiben oder waschen und fein würfeln. Das Hackfleisch mit den Pilzen, Paniermehl, Ei und Petersilie vermengen. Mit Salz und Pfeffer würzen. Die Masse portionsweise auf den Kohlblättern verteilen. Diese rechts und links einschlagen, aufwickeln und mit Küchengarn zubinden.

3. Die Butter in einem großen Topf erhitzen und die restlichen Zwiebeln darin andünsten. Die Brühe angießen, die Rotkrautwickel hineingeben und alles im geschlossenen Topf bei mittlerer Hitze etwa 30 Minuten garen.

4. Die Wickel aus der Brühe nehmen und warm stellen. Das Pfeilwurzelmehl mit dem Rotwein verrühren. Die Brühe aufkochen lassen und den Wein hineinrühren. Alles kurz kochen lassen und dann die saure Sahne in die nicht mehr kochende Flüssigkeit geben. Die Rotkrautwickel mit der Rotweinsauce servieren.
(auf dem Foto: oben)

Dazu passen Petersilienkartoffeln.

Winterküche

Gurkengemüse mit Bratwürsten

Für 4 Portionen

Zubereitungszeit: ca. 30 Min.

- 3 Salatgurken
- 1 große Zwiebel
- 2 EL Butter
- 100 ml Gemüsebrühe (S. 17)
- 150 g saure Sahne
- 1 TL Pfeilwurzelmehl
- 4 Bratwürste
- 1 Bund Dill
- Salz, Pfeffer

1. Die Gurken schälen, längs halbieren und mit Hilfe eines Löffels entkernen. Die Hälften dann in etwa 1 cm dicke Scheiben schneiden. Die Zwiebel schälen und fein würfeln. Die Butter in einem Topf zerlassen und die Zwiebelwürfel darin glasig dünsten. Die Gurken und die Brühe dazugeben und kurz mitschmoren.

2. Die saure Sahne mit dem Pfeilwurzelmehl verrühren. Unter Rühren zum Gemüse geben und dieses etwa 5 Minuten bei mittlerer Hitze garen.

3. In der Zwischenzeit die Bratwürste unter der Grillschlange des Backofens oder auf dem Grill braten. Den Dill fein hacken und zum Gemüse geben. Das Ganze mit Salz und Pfeffer abschmecken und zu den Würstchen servieren.
(auf dem Foto: unten)

Sommerküche

Schweinebraten mit Kräuterfüllung

Für 4 Portionen

Zubereitungszeit:
ca. 2½ Std.

1½ kg Schweinefleisch mit Schwarte (aus der Keule)

3 Knoblauchzehen

4 EL Senf

3 EL gehacktes Basilikum

3 EL gehackte Petersilie

3 EL gehackter Thymian

½ TL gemahlener Rosmarin

Pfeffer

75 ml Salzwasser

1. Den Backofen auf 200 °C vorheizen. Das Fleisch waschen, abtupfen, die Schwarte kreuzförmig einschneiden und an einer Seite eine Tasche einschneiden.

2. Den Knoblauch schälen und durch die Presse drücken. Mit dem Senf sowie den frischen Kräutern zu einer einheitlichen Paste verrühren und mit Rosmarin und Pfeffer würzen. Das Fleischstück mit dieser Mischung füllen und an der offenen Seite mit Rouladennadeln fixieren.

3. Das Fleisch in die Fettpfanne des Backofens legen und darin etwa 2 Stunden braten.

4. Den Rollbraten nach dieser Zeit mit dem Salzwasser bestreichen und im Ofen weitere 15 Minuten garen. Ihn dann herausnehmen und, mit Alufolie abgedeckt, etwa 10 Minuten ruhen lassen. Ihn danach in Scheiben schneiden.

Dazu paßt Raukesalat mit Schafskäse (S. 22).

AM RANDE BEMERKT ...

■ *Um das Aroma der Kräuterpaste zu verstärken, können Sie einen Kräutersenf (aus dem Naturkostladen) verwenden.*

Sommerküche

Ochsenbrust mit Kräutersauce

Für 4 Portionen

Zubereitungszeit: ca. 2 Std.

1 Bund Suppengrün
750 g Ochsenbrust
2 Lorbeerblätter
2 Wacholderbeeren
2 Gewürznelken
Salz
2 Eier
1 Bund gemischte Kräuter
150 g Joghurt
150 g saure Sahne
75 g Crème fraîche
Pfeffer

1. Das Suppengrün putzen, waschen und kleinschneiden. Das Fleisch zusammen mit dem Suppengrün und den Gewürzen in reichlich Salzwasser aufsetzen. Das Ganze nach dem Aufkochen bei schwacher Hitze im geschlossenen Topf etwa 1½ Stunden garen. Danach das Fleisch in der Brühe abkühlen lassen.

2. Für die Kräutersauce die Eier hartkochen. Währenddessen die Kräuter waschen, trockenschütteln und fein hacken. Den Joghurt mit der sauren Sahne, der Crème fraîche und den Kräutern verrühren.

3. Die abgeschreckten Eier pellen, fein würfeln und unter die Sauce heben. Mit Salz und Pfeffer abschmecken. Die lauwarme Ochsenbrust in Scheiben schneiden und zusammen mit der Kräutersauce servieren.

Servieren Sie dazu Pellkartoffeln.

AM RANDE BEMERKT ...

■ *Für die Kräutersauce können Sie beispielsweise Sauerampfer, Kerbel, Petersilie und Schnittlauch verwenden.*

Frühlingsküche

Rinderbraten mit Vogtländer Klößen

Für 4 Portionen

Zubereitungszeit: ca. 2 Std.

Ruhezeit: ca. 12 Std.

Für die Klöße:

- 1½ kg Kartoffeln
- ¼ l Wasser
- 1 Ei
- ⅛ l heiße Milch
- 100 g Schinkenspeck
- 3 Scheiben Weizenvollkornbrot
- Salz

Für den Braten:

- 1 Zwiebel
- 1 Bund Suppengrün
- 1 l Fleischbrühe (S. 17)
- 750 g Rindfleisch (durchwachsenes Suppenfleisch)
- 50 g Pfefferkuchen
- 150 g Sultaninen
- 1 EL Apfelessig
- 1 EL Vollrohrzucker
- Salz, Pfeffer

1. Die Kartoffeln schälen und fein reiben. Die Masse in eine Schüssel geben, mit dem Wasser übergießen und mit einem Tuch abgedeckt über Nacht stehen lassen.

2. Am Tag der Zubereitung die Zwiebel schälen und achteln. Das Suppengrün putzen, waschen und kleinschneiden. Die Brühe zusammen mit dem Fleisch aufkochen, dabei den aufsteigenden Schaum abschöpfen. Die Zwiebelstücke sowie das Suppengrün dazugeben und alles im geschlossenen Topf bei mittlerer Hitze etwa 1 Stunde garen.

3. Inzwischen für die Klöße die Kartoffelmasse in ein Küchentuch geben und sorgfältig ausdrücken. Das dabei austretende Wasser auffangen und kurze Zeit stehen lassen, damit sich die Kartoffelstärke absetzt. Das Wasser vorsichtig abgießen und die Stärke zur Kartoffelmasse geben. Das Ei und die Milch sorgfältig in die Masse einarbeiten.

4. Den Speck und das Brot in kleine Würfel schneiden. Den Speck auslassen und die Brotwürfel darin bräunen.

5. Aus der Kartoffelmasse 8 bis 10 Klöße formen. Dabei jeweils in die Mitte einige Speck- und Brotwürfel geben.

6. In einem großen Topf reichlich Salzwasser zum Kochen bringen. Die Klöße vorsichtig hineingeben und bei schwacher Hitze garziehen lassen, bis sie an die Oberfläche steigen. Gegarte Klöße mit dem Schaumlöffel aus dem Wasser heben und abtropfen lassen.

7. Währenddessen für den Braten die Pfefferkuchen fein würfeln. Das Fleisch aus der Brühe nehmen. Diese durch ein Sieb gießen und in einem Topf auffangen. Die Pfefferkuchen, die Sultaninen sowie die Mandelblättchen dazugeben und das Ganze etwas einkochen lassen. Mit dem Essig und den Gewürzen abschmecken. Das Fleisch in Scheiben schneiden und zusammen mit der Sauce sowie den Klößen servieren.
(auf dem Foto: oben)

Herbstküche

Rindfleischtopf nach Winzerart

Für 4 Portionen

Zubereitungszeit: ca. 1½ Std.

- 750 g Rindfleisch (Schulter)
- 1 Zwiebel
- ½ Weißkohl, 3 Möhren
- ½ Knollensellerie
- 1 Stange Lauch
- 2 EL Öl oder Kokosfett
- 150 ml Rotwein
- 1 l Gemüsebrühe (S. 17)
- Salz, Pfeffer
- 1 Lorbeerblatt
- 300 g Kartoffeln
- 2 EL gehackte Petersilie

1. Den Backofen auf 180 °C vorheizen. Das Fleisch waschen, trockentupfen und in Würfel schneiden. Die Zwiebel schälen und würfeln.

2. Das Gemüse putzen, waschen oder schälen und dann zerkleinern. Den Weißkohl in Streifen und die Möhren in Scheiben schneiden. Den Sellerie würfeln, den Lauch in Ringe schneiden.

3. Das Öl oder Fett in einem Bräter erhitzen und das Fleisch sowie die Zwiebelwürfel darin kräftig anbraten. Dann mit dem Rotwein ablöschen. Das vorbereitete Gemüse, die Brühe sowie die Gewürze dazugeben und alles im geschlossenen Topf etwa 1 Stunde im Backofen schmoren.

4. Inzwischen die Kartoffeln schälen und würfeln. Etwa 15 Minuten vor Ende der Garzeit die Kartoffeln zum Fleisch geben und mitgaren. Kurz vor dem Servieren das Lorbeerblatt entfernen und das Gericht mit der Petersilie bestreuen.
(auf dem Foto: unten)

Herbstküche

Rinderrouladen mit Wirsinggemüse

Für 4 Portionen

Zubereitungszeit: ca. 1½ Std.

Für die Rouladen:

- 2 Zwiebeln
- 4 Rinderrouladen (Oberschale)
- Salz, Pfeffer
- 2 Gewürzgurken
- 2 EL Senf
- 4 dünne Scheiben durchwachsener Speck
- 3 EL Öl oder Kokosfett
- 75 ml Rotwein
- ¼ l Fleischbrühe (S. 17)
- 1 EL Tomatenmark

Für das Gemüse:

- 50 g fetter Speck
- 300 g Möhren
- 500 g Wirsing
- 1 Zwiebel
- Salz, Pfeffer
- 1 EL weiche Butter
- 1 EL Pfeilwurzelmehl

1. Die Zwiebeln schälen, davon 1 in Scheiben, die andere in Würfel schneiden. Die Fleischscheiben waschen, trockentupfen und beidseitig mit Salz sowie Pfeffer einreiben. Die Gurken in feine Streifen schneiden.

2. Die Fleischscheiben jeweils auf 1 Seite mit Senf bestreichen und mit je 1 Scheibe Speck sowie mit einigen Zwiebel- und Gurkenstückchen belegen. Sie dann an den Seiten einschlagen, eng zusammenrollen und mit Rouladenklammern oder Küchengarn fixieren.

3. Das Öl oder Fett in einem Bräter zerlassen und die Rouladen rundherum kräftig anbraten. Die Zwiebelscheiben, den Wein, etwa 1 Viertel der Brühe sowie das Tomatenmark dazugeben und alles im geschlossenen Topf bei mittlerer Hitze etwa 1 Stunde schmoren. Dabei nach und nach die restliche Brühe angießen.

4. In der Zwischenzeit den Speck fein würfeln. Die Möhren waschen und in dünne Scheiben schneiden. Den Wirsing vierteln, die Strünke herausschneiden und die Viertel in Streifen schneiden. Die Zwiebel schälen und würfeln.

5. Den Speck in einem Topf auslassen. Dann die Zwiebelwürfel, die Möhren und den Wirsing dazugeben und alles etwa 10 Minuten dünsten. Dann mit etwas Wasser auffüllen und das Gemüse bei schwacher Hitze im geschlossenen Topf etwa 20 Minuten gardünsten. Es danach salzen und pfeffern.

6. Die Rouladen aus dem Topf nehmen. Die Butter mit dem Pfeilwurzelmehl verrühren und in den Bratenfond einrühren. Das Ganze etwa 5 Minuten kochen lassen. Die Sauce mit Salz sowie Pfeffer abschmecken und zu den Rouladen und dem Gemüse reichen.
(auf dem Foto: oben)

Dazu passen Salzkartoffeln oder Vollkorn-Teigwaren.

Winterküche

Ochsenschwanzragout

Für 4 Portionen

Zubereitungszeit: ca. 2½ Std.

- 500 g Tomaten
- 200 g Möhren
- 3 Stangen Staudensellerie
- 2 Zwiebeln
- 2 Knoblauchzehen
- 2 EL Öl oder Kokosfett
- 1½ kg Ochsenschwanz (in 5 cm lange Stücke geschnitten)
- ¼ l Fleischbrühe (S. 17)
- ¼ l Rotwein
- 1 EL Tomatenmark
- Salz, Pfeffer
- 1 Pr. Paprikapulver
- 1 EL Crème fraîche
- 1 EL gehackter Thymian

1. Die Tomaten über Kreuz einritzen, für etwa 15 Sekunden in kochendes Wasser tauchen, abschrecken und enthäuten. Sie dann von den Stielansätzen befreien, halbieren, entkernen und in Würfel schneiden. Die Möhren sowie den Sellerie putzen, waschen und in Scheiben schneiden. Die Zwiebeln und den Knoblauch schälen und fein würfeln.

2. Das Öl oder Fett in einem Bräter zerlassen und die Ochsenschwanzstücke darin kräftig anbraten. Das Gemüse, die Zwiebeln sowie den Knoblauch dazugeben und mitdünsten.

3. Das Ganze mit Brühe und Wein aufgießen, einmal aufkochen lassen und dann zugedeckt bei milder Hitze etwa 2 Stunden schmoren.

4. Nun die Fleischstücke herausnehmen, vom Knochen lösen und wieder in den Topf geben. Das Tomatenmark darunterrühren und alles mit den Gewürzen abschmecken. Die Crème fraîche und den Thymian in das nicht mehr kochende Ragout geben, kurz erwärmen und sofort servieren.
(auf dem Foto: unten)

Dazu passen Spätzle, z. B. aus Dinkelvollkornmehl.

Sommerküche

Brandenburger Lammtopf

Für 4 Portionen

Zubereitungszeit: ca. 1½ Std.

- **750 g Lammfleisch (Schulter)**
- **2 Zwiebeln**
- **1 EL Öl oder Kokosfett**
- **Salz, Pfeffer**
- **⅛ l Weißwein**
- **¼ l Fleischbrühe (S. 17)**
- **400 g grüne Bohnen**
- **500 g Kartoffeln**
- **1 EL gehacktes Bohnenkraut**
- **150 g Joghurt**
- **1 EL gehackte Petersilie**

1. Das Fleisch waschen, trockentupfen und in Würfel schneiden. Die Zwiebeln schälen und würfeln. Das Öl oder Fett in einem Topf erhitzen. Die Zwiebeln und das Fleisch darin anbraten, dann mit Salz und Pfeffer würzen.

2. Den Wein und die Brühe dazugießen und alles bei mittlerer Hitze im geschlossenen Topf etwa 1 Stunde schmoren.

3. Inzwischen die Bohnen putzen, waschen und in Stücke schneiden. Die Kartoffeln schälen und in Würfel schneiden. Etwa 20 Minuten vor Ende der Garzeit das Gemüse, die Kartoffeln sowie das Bohnenkraut zum Fleisch geben und mitgaren.

4. Vor dem Servieren den Joghurt mit der Petersilie verrühren und auf das Gericht gießen.

AM RANDE BEMERKT ...

■ *Bohnen müssen vor dem Verzehr immer gekocht werden, da erst durch den Garprozeß der gesundheitsschädliche Eiweißstoff Phasin zerstört wird.*

Sommerküche

Lammkoteletts mit Sommergemüse

Für 4 Portionen

Zubereitungszeit: ca. 1¼ Std.

400 g Schnittbohnen

Salz

2 Zucchini

300 g Tomaten

2 Zwiebeln

2 Knoblauchzehen

3 EL Olivenöl

200 ml Weißwein

8 Lammkoteletts

Pfeffer

3 EL Butter

Saft und Schale von 1 Zitrone

100 ml Fleischbrühe (S. 17)

2 EL gemischte, gehackte Kräuter (z. B. Oregano, Basilikum, Estragon, Thymian)

1. Die Bohnen waschen, putzen und entfädeln. Sie dann in Stücke schneiden und knapp mit Salzwasser bedeckt etwa 10 Minuten im geschlossenen Topf bei mittlerer Hitze garen.

2. Inzwischen die Zucchini putzen, waschen und in 1 cm dicke Scheiben schneiden. Die Tomaten über Kreuz einritzen, für etwa 15 Sekunden in kochendes Wasser tauchen, abschrecken und enthäuten. Sie dann von den Stielansätzen befreien, halbieren, entkernen und in kleine Würfel schneiden.

3. Die Zwiebeln und den Knoblauch schälen und würfeln. Das Öl erhitzen. Nun die Zwiebel- und die Hälfte der Knoblauchwürfel darin andünsten. Die Bohnen, die Zucchini- und Tomatenstücke dazugeben und ebenfalls andünsten. Die Hälfte des Weins angießen und das Gemüse im geschlossenen Topf bei mittlerer Hitze in etwa 15 Minuten gar kochen.

4. Inzwischen die Fettschicht der Lammkoteletts ringsum einschneiden, dann das Fleisch salzen und pfeffern. Die Hälfte der Butter in einer Pfanne zerlassen. Den restlichen Knoblauch und die Koteletts darin etwa 5 Minuten von jeder Seite braten.

5. Die Koteletts herausnehmen und warm stellen. Den Bratansatz mit Zitronensaft und -schale, dem restlichen Wein sowie der Brühe ablöschen und etwa 5 Minuten bei starker Hitze einkochen lassen. Die restliche Butter in Stücken dazugeben und kräftig mit dem Schneebesen unterrühren. Die Hälfte der Kräuter in die Sauce geben. Die Koteletts in der Sauce erwärmen.

6. Das Gemüse mit Salz und Pfeffer abschmecken. Die restlichen Kräuter darauf streuen und zusammen mit den Koteletts sowie der Kräutersauce servieren.

Sommerküche

Weihnachtsgans mit Apfelfüllung

Für 6 Portionen

Zubereitungszeit: ca. 3 Std.

Kühlzeit: ca. 4 Std.

Für die Gans:

- **1 küchenfertige Gans (ca. 3 kg)**
- **Salz, Pfeffer**
- **1 TL getrockneter Majoran**
- **1 TL getrockneter Beifuß**
- **¼ l Wasser**
- **⅛ l Bier**

Für die Füllung:

- **1 Schrotbrötchen vom Vortag**
- **3 Äpfel, 2 Zwiebeln**
- **250 g geschälte Maronen (Eßkastanien)**
- **1 Eigelb**
- **Salz, Pfeffer**

1. Die Gans innen und außen gründlich waschen und für etwa 4 Stunden in Eiswasser legen.

2. Sie danach aus dem Wasser nehmen und trockentupfen. Dann innen und außen mit Salz, Pfeffer sowie den Kräutern einreiben. Den Backofen auf 160 °C vorheizen.

3. Für die Füllung das Brötchen in Wasser einweichen. 2 Äpfel sowie 1 Zwiebel schälen und würfeln. Die Hälfte der Maronen in Achtel schneiden. Das Brötchen ausdrücken und mit den Apfel- und Zwiebelwürfeln, den Maronen und dem Eigelb verrühren. Die Masse salzen sowie pfeffern und den Gänsebauch damit füllen.

4. Die Gans an der offenen Seite mit Küchengarn zunähen und sie mit der Brust nach oben in einen großen Bräter legen. Das Wasser angießen und die Gans auf der mittleren Schiene des Backofens etwa 2 Stunden braten.

5. Nach dieser Zeit die Temperatur auf 200 °C erhöhen. Den restlichen Apfel waschen, entkernen und in Achtel schneiden. Die Zwiebel schälen und achteln. Apfel- und Zwiebelstücke sowie die restlichen Maronen zur Gans geben und alles weitere 30 Minuten braten. Dabei die Gans abwechselnd mit Bier und Bratensaft begießen.

6. Die Gans aus dem Ofen nehmen und warm stellen. Den Bratensaft weitere 10 Minuten im offenen Topf köcheln lassen und durch ein Sieb gießen. Ihn mit Salz sowie Pfeffer abschmecken und zusammen mit den gekochten Äpfeln, Zwiebeln und Maronen zur Gans servieren.
(auf dem Foto: oben)

AM RANDE BEMERKT ...

■ *Durch das Einlegen in Eiswasser wird die Haut von Geflügel beim Braten besonders knusprig.*

Winterküche

Lammbraten

Für 4 Portionen

Zubereitungszeit: ca. 1½ Std.

- **1 kg Lammkeule oder -schulter (mit Knochen)**
- **Salz, Pfeffer**
- **2 EL Öl oder Kokosfett**
- **1 Bund Suppengrün**
- **2 Zwiebeln**
- **2 Knoblauchzehen**
- **⅛ l Fleischbrühe (S. 17)**
- **⅛ l Weißwein**
- **2 EL gemischte, gehackte Kräuter (z. B. Thymian, Rosmarin, Estragon)**
- **100 g Crème fraîche**

1. Das Fleisch waschen und trockentupfen. Dann salzen und pfeffern. Das Öl in einem Bräter erhitzen und das Fleisch darin rundherum anbraten. Den Backofen auf 180 °C vorheizen.

2. Das Suppengrün putzen, waschen und kleinschneiden. Die Zwiebeln und den Knoblauch schälen und fein würfeln. Diese Zutaten zum Fleisch geben und kurz mitdünsten. Brühe und Wein angießen und alles etwa 1¼ Stunden im Ofen garen.

3. Das Fleisch aus der Brühe nehmen. Es vom Knochen lösen, in Scheiben schneiden und bis zur Weiterverwendung warm halten.

4. Die Brühe im Topf mit einem Pürierstab pürieren. Die Kräuter sowie die Crème fraîche unter die Sauce rühren und diese mit Salz und Pfeffer abschmecken. Das Fleisch kurz in der Sauce erhitzen und beides zusammen servieren.
(auf dem Foto: unten)

Dazu passen Vollkornteigwaren, z. B. Dinkelspätzle, und eine Gemüsebeilage.

AM RANDE BEMERKT ...

■ *Schafe sind aufgrund ihrer Anspruchslosigkeit und Widerstandsfähigkeit ideale Nutztiere für den ökologischen Landbau. Sie erbringen außerdem eine hohe ökologische Leistung, da mit ihnen Biotope besonders schonend gepflegt werden.*

Frühlingsküche

Süßspeisen

Pflaumen-Mirabellen-Gratin

Für 4 Portionen

Zubereitungszeit:
ca. 1 Std.

300 g Mirabellen

300 g Pflaumen

1 Zitrone

3 Eier

Mark von ½ Vanilleschote

2 EL Honig

50 g gemahlene Mandeln

250 g Quark (20% Fett i.Tr.)

1 EL Butter

1. Die beiden Obstsorten waschen. Die Mirabellen entsteinen. Die Pflaumen halbieren und entkernen. Die Zitrone unter heißem Wasser abwaschen und die Schale abreiben. Dann den Saft auspressen.

2. Den Backofen auf 220 °C vorheizen. Die Eier trennen. Die Eiweiße steifschlagen. Die Eigelbe mit dem Vanillemark und dem Honig schaumig rühren.

3. Die Mandeln, den Quark, Zitronensaft und -schale unter die Schaummasse rühren. Dann den Eischnee vorsichtig darunterheben.

4. Eine Gratinform ausfetten. Die Quarkmasse hineinfüllen und die vorbereiteten Früchte darauf verteilen. Das Ganze im Ofen etwa 20 Minuten backen.

VARIATION

■ *Sie können dieses Gratin zur Beerensaison mit gemischtem Beerenobst zubereiten.*

Sommerküche

Quarksoufflé mit Stachelbeergrütze

Für 4 Portionen

Zubereitungszeit: ca. 1¼ Std.

500 g Stachelbeeren

¼ l Wasser oder Weißwein

125 g Vollrohrzucker

1 Zimtstange

abgeriebene Schale von 1 Zitrone

1 EL Pfeilwurzelmehl

1 Ei

Salz

2 EL Honig

250 g Magerquark

Mark von ½ Vanilleschote

1 EL Butter

1. Für die Stachelbeergrütze die Beeren von den Stielen sowie den Blüten befreien und waschen. Sie dann zusammen mit dem Wasser oder Wein, dem Vollrohrzucker, der Zimtstange und ½ Teelöffel Zitronenschale zum Kochen bringen. DIe Beeren in diesem Sud im geschlossenen Topf etwa 5 Minuten köcheln lassen.

2. Das Pfeilwurzelmehl mit etwas Wasser glattrühren und zu den Stachelbeeren geben. Alles nochmals 3 bis 5 Minuten köcheln lassen. Die Grütze dann abkühlen lassen.

3. Den Backofen auf 180 °C vorheizen. Für das Soufflé das Ei trennen. Das Eiweiß mit 1 Prise Salz steifschlagen. Zunächst den Honig, dann das Eigelb langsam unter Rühren dazugeben und alles zu einer schaumigen Masse aufschlagen.

4. Den Quark in einem feinmaschigen Sieb abtropfen lassen. Ihn dann zusammen mit dem Vanillemark und der restlichen Zitronenschale unterheben. 4 feuerfeste Förmchen oder Tassen (etwa 150 ml Fassungsvermögen) ausfetten und die Quarkmasse hineinfüllen.

5. Die Förmchen in einen Bräter oder in eine feuerfeste Form stellen. So viel heißes Wasser in den Bräter oder in die Form gießen, daß die Förmchen zur Hälfte im Wasser stehen. Nun das Ganze im Backofen etwa 30 Minuten backen. In dieser Zeit den Ofen nicht öffnen, da sonst die empfindliche Masse zusammenfällt.

6. Danach die Wasserbadform mitsamt den Förmchen aus dem Ofen nehmen und weitere 5 Minuten im heißen Wasser stehen lassen. Mit einem spitzen Messer am Innenrand der Förmchen entlangfahren und die Soufflés vorsichtig herausheben. Sie noch warm zusammen mit der Grütze servieren.

Sommerküche

Rüdesheimer Apfelauflauf

Für 4 Portionen

Zubereitungszeit:
ca. 1¼ Std.

1 Zitrone

1 l Milch

Salz

2 EL Butter

75 g Honig

Mark von ½ Vanilleschote

125 g Weizenvollkorngrieß

50 g Sultaninen

4 Äpfel

100 ml Weißwein

100 g Vollrohrzucker

2 Eier

100 g Sahne

½ TL Zimtpulver

1. Die Zitrone unter heißem Wasser abwaschen und die Schale abreiben. Die Milch zum Kochen bringen. 1 Prise Salz, 1 Eßlöffel Butter, Honig, Vanillemark und die abgeriebene Zitronenschale sowie den Grieß unter Rühren zur Milch geben. Den Grieß dann im geschlossenen Topf bei schwacher Hitze in etwa 10 Minuten ausquellen lassen.

2. Inzwischen die Sultaninen für etwa 5 Minuten in lauwarmem Wasser einweichen. Die Äpfel waschen, entkernen und in feine Spalten schneiden. Die Zitrone auspressen und den Saft zusammen mit dem Wein und 5 Eßlöffeln Vollrohrzucker über die Äpfel gießen.

3. Den Backofen auf 180 °C vorheizen. Die Sultaninen aus dem Wasser nehmen, abtropfen lassen, fein hacken und zu den Äpfeln geben.

4. Die Eier trennen. Die Eiweiße zu steifem Schnee schlagen. Zunächst die Sahne und die Eigelbe unter den Grießbrei rühren, dann den Eischnee vorsichtig darunterheben.

5. Eine Auflaufform mit der restlichen Butter einfetten. Dann die Eiermasse und die Apfel-Sultaninen-Mischung schichtweise einfüllen und im Ofen etwa 40 Minuten backen.

6. Den restlichen Vollrohrzucker mit dem Zimt mischen und den Auflauf vor dem Servieren damit bestreuen.
(auf dem Foto: oben)

Herbstküche

Knuspriger Birnenauflauf

Für 4 Portionen

Zubereitungszeit:
ca. 45 Min.

700 g Birnen

1 Zitrone

5 EL Vollrohrzucker

Mark von ½ Vanilleschote

2 EL Weingelee

250 g Vollkorn-Butterkekse

150 ml Birnensaft

¼ l Milch

2 Eigelb

2 EL Butter

1. Die Birnen schälen, entkernen und in Spalten schneiden. Eine runde Auflaufform damit auslegen. Die Zitrone unter heißem Wasser abwaschen, die Schale abreiben und beiseite stellen. Die Zitrone auspressen und die Birnenspalten mit der Hälfte des Zitronensaftes beträufeln.

2. Den Vollrohrzucker mit dem Vanillemark mischen und die Birnen damit bestreuen. Die Vollkornkekse in ein Küchentuch geben, zudecken und mit dem Nudelholz zerbröseln. Nun die Keksbrösel mit dem Weingelee mischen und auf den Birnen verteilen.

3. Den Backofen auf 200 °C vorheizen. Den Birnensaft mit dem restlichen Zitronensaft mischen. Die Keksbrösel damit beträufeln. Die Milch mit den Eigelben verquirlen und die Zitronenschale darunterrühren. Diese Mischung auf die Keksbrösel gießen.

4. Die Butter in Flöckchen auf dem Auflauf verteilen und im Ofen zunächst 15 Minuten, mit einem hitzebeständigen Deckel oder mit Alufolie zugedeckt, backen. Danach weitere 10 Minuten offen überbacken.
(auf dem Foto: unten)

Winterküche

Vanilleparfait mit gebackenem Rhabarber

Für 4 Portionen

Zubereitungszeit: ca. 50 Min.

Gefrierzeit: ca. 6 Std.

Für das Parfait:

- 4 Eigelb
- 2 EL Honig
- Mark von 1 Vanilleschote
- Salz
- 200 g Sahne

Für den Rhabarber:

- 500 g Rhabarber
- 3 EL Honig
- 1 EL Butter
- 250 g Haferflocken
- 75 g Vollrohrzucker
- abgeriebene Schale von ½ Zitrone
- 2 EL Butter

1. Die Eigelbe mit dem Honig, dem Vanillemark und 1 Prise Salz schaumig schlagen, bis eine hellgelbe, sämige Masse entsteht. Die Sahne steifschlagen und darunterziehen. Die Creme dann in 4 Portionsschälchen (etwa 200 ml Fassungsvermögen) füllen und für etwa 6 Stunden in das Tiefkühlgerät stellen.

2. Den Backofen auf 200 °C vorheizen. Den Rhabarber schälen und kleinschneiden. Die Stücke zusammen mit etwa 5 Eßlöffeln Wasser sowie dem Honig in einem Topf etwa 5 Minuten bei mittlerer Hitze köcheln.

3. Eine Auflaufform ausfetten. Die gekochten Rhabarberstücke darin verteilen. Die Haferflocken mit dem Vollrohrzucker sowie mit der Zitronenschale mischen und auf den Rhabarber geben. Die Butter in Flöckchen darauf verteilen und alles etwa 20 Minuten im Ofen überbacken.

4. Die Rhabarberstücke zusammen mit dem Vanilleparfait servieren.

VARIATION

■ *Statt in Wasser können Sie die Rhabarberstücke auch in 50 ml Weißwein kochen.*

Frühlingsküche

Aprikosenknödel

Für 4 Portionen

Zubereitungszeit:
ca. 1 Std.

- 375 g Magerquark
- 2 EL Butter
- 1 EL Honig
- Salz
- abgeriebene Schale von 1 Zitrone
- 3 Eigelb
- 150 g Weizenvollkorngrieß
- 12 kleine Aprikosen
- 3 EL Weizenvollkornmehl
- 2 EL Sesamsamen
- 2 EL Vollrohrzucker
- 1 TL Zimtpulver

1. Den Quark zusammen mit der Butter, dem Honig, 1 Prise Salz, der Zitronenschale und den Eigelben verrühren. Den Grieß unter Rühren in die Masse einarbeiten und den Teig etwa 30 Minuten ruhen lassen.

2. Inzwischen die Aprikosen waschen, an den Nähten leicht einschneiden und entsteinen.

3. Auf einer bemehlten Arbeitsfläche aus dem Teig Knödel formen. Dabei je 1 Aprikose in die Mitte geben und diese rundum mit dem Knödelteig umhüllen.

4. In einem großen Topf reichlich Salzwasser zum Kochen bringen. Die Knödel vorsichtig in das kochende Wasser geben. Sie darin bei reduzierter Hitze garziehen lassen, bis sie an die Oberfläche steigen.

5. Die Sesamsamen in einer trockenen Pfanne rösten. Die gegarten Knödel mit einem Schaumlöffel aus dem Wasser heben und abtropfen lassen. Sie dann im Sesam wenden. Den Vollrohrzucker mit dem Zimt mischen und die Knödel damit bestreuen.

AM RANDE BEMERKT ...

■ *Die Aprikosenknödel können Sie auch als süßes Hauptgericht servieren.*

VARIATION

■ *Anstatt der Aprikosen können Sie die Knödel auch mit jeweils 1 Pflaume füllen.*

Sommerküche

Rote Birnen und Pflaumen

Ergibt ca. 1 Liter

Zubereitungszeit: ca. 30 Min.

500 g Birnen

500 g Pflaumen

½ l Rotwein

100 ml Apfelessig

300 g brauner Kandiszucker

2 Zimtstangen

6 Gewürznelken

1. Die Birnen schälen, vierteln und entkernen. Die Pflaumen waschen und entsteinen.

2. Den Wein mit dem Essig und dem Kandiszucker aufkochen. Dann die Gewürze und das Obst dazugeben und alles knapp 5 Minuten kochen lassen.

3. Die Früchte mit einem Schaumlöffel aus dem Sud heben, abtropfen lassen und in Einmachgläser (insgesamt ca. 1 Liter Fassungsvermögen) füllen. Den Sud nochmals aufkochen lassen und durch einen Trichter auf das Obst gießen. Die Gläser mit dem heißen Inhalt sorgfältig verschließen und langsam abkühlen lassen. *(auf dem Foto: oben)*

Dazu paßt Honig-Zimt-Eis (S. 119).

Herbstküche

Münsterländer Quarkspeise

Für 4 Portionen

Zubereitungszeit: ca. 40 Min.

Kühlzeit: ca. 1 Std.

500 g Sauerkirschen
3 EL Vollrohrzucker
1 EL Pfeilwurzelmehl
250 g Magerquark
5 EL Milch
2 EL Honig
200 g süße Sahne
125 g Pumpernickel
100 g Zartbitterschokolade

1. Die Kirschen waschen und entsteinen. Sie in etwas Wasser zusammen mit 1 Eßlöffel Vollrohrzucker aufkochen lassen. Das Pfeilwurzelmehl mit etwas kaltem Wasser anrühren und unter Rühren zu den Kirschen geben. Das Ganze 3 bis 5 Minuten köcheln und dann abkühlen lassen.

2. Den Quark mit Milch und Honig glattrühren. Die Sahne steifschlagen und unter die Quarkmasse heben. Den Pumpernickel mit den Fingern fein zerbröseln und mit dem restlichen Vollrohrzucker mischen. Diese Mischung mit dem Kirschsud tränken. Die Schokolade fein reiben und zu den Pumpernickelbröseln geben.

3. In eine große Glasschüssel abwechselnd die Pumpernickel-Schokoladen-Mischung, den Quark und die Kirschen einschichten und die Quarkspeise für etwa 1 Stunde kühl stellen. *(auf dem Foto: Mitte)*

AM RANDE BEMERKT ...

■ *Pumpernickel ist eine typisch westfälische Brotspezialität. Durch seinen leicht süßlichen Geschmack ist dieses Roggenschrotbrot sowohl für pikante Beläge als auch für Süßspeisen geeignet.*

Sommerküche

Honig-Zimt-Eis mit Rotweinfrüchten

Für 4 Portionen

Zubereitungszeit: ca. 30 Min.

Gefrierzeit: ca. 5 Std.

4 Eigelb
3 EL Honig
2 EL warmes Wasser
½ TL Zimtpulver
200 g süße Sahne
75 g Walnußkerne
1 Glas rote Birnen und Pflaumen (S. 118)

1. Eine kältebeständige Schüssel in das Tiefkühlgerät stellen. Die Eigelbe, den Honig und das Wasser miteinander verrühren. Das Ganze mit dem Handrührgerät zu einer hellgelben, cremigen Masse aufschlagen und dabei den Zimt darunterrühren.

2. Die Sahne steifschlagen. Die Walnußkerne grob hacken und zusammen mit der Sahne unter die Eigelbcreme heben.

3. Die Creme in die gekühlte Schüssel geben und zugedeckt etwa 5 Stunden gefrieren lassen. Die Eismasse währenddessen nach etwa 30 Minuten einmal durchrühren, damit die Walnüsse gleichmäßig in der Masse verteilt werden.

4. Zum Servieren die Schüssel mit dem Eis kurz in warmes Wasser stellen. Aus dem Eis mit Hilfe eines Eisportionierers Kugeln formen. Diese zusammen mit den Rotweinfrüchten auf 4 Tellern anrichten. *(auf dem Foto: unten)*

Winterküche

Falsches Tiramisu mit Beeren

Für 4 Portionen

Zubereitungszeit: ca. 1¼ Std.

Kühlzeit: ca. 1½ Std.

Für den Biskuitteig:

- ½ EL Sonnenblumenöl
- 1 EL Vollkornsemmelbrösel
- 2 Eier
- 2 EL warmes Wasser
- 2 EL Honig
- 75 g Weizenvollkornmehl

Für die Creme:

- 250 g Johannisbeeren
- 250 g Erdbeeren
- 250 g Himbeeren
- 1 EL Zitronensaft
- 3 EL Honig
- 200 g süße Sahne
- 250 g Joghurt
- 250 g Frischkäse (Doppelrahmstufe)

1. Den Backofen auf 180 °C vorheizen. Eine Springform (24 cm ø) mit dem Öl einpinseln und mit den Semmelbröseln ausstreuen.

2. Die Eier trennen. Die Eiweiße steifschlagen. Die Eigelbe zusammen mit dem Wasser und dem Honig aufschlagen, bis eine hellgelbe, cremige Masse entsteht. Nun den Eischnee vorsichtig darunterheben.

3. Das Mehl mit dem Backpulver mischen, über die Eiermasse sieben und locker darunterheben. Den Teig in die Springform geben, glattstreichen und etwa 15 Minuten auf der mittleren Schiene im Ofen backen.

4. Inzwischen die Johannisbeeren waschen und von den Rispen streifen. Die Erdbeeren sowie die Himbeeren waschen und putzen. Die Erdbeeren kleinschneiden, die Himbeeren ganz belassen. Etwa 1 Drittel der Früchte zusammen mit dem Zitronensaft pürieren. Unter die restlichen Beeren 1 Eßlöffel Honig mischen. Diese Früchte zugedeckt beiseite stellen.

5. Die Sahne steifschlagen. Den Joghurt sowie den Frischkäse mit dem restlichen Honig glattrühren und zusammen mit der Sahne unter das Beerenpüree ziehen. Das Ganze kühl stellen.

6. Den Biskuitteig aus dem Ofen nehmen und in der Form etwas abkühlen lassen. Ihn dann aus der Form stürzen und waagerecht durchschneiden. Dann aus dem Teig 8 Kreise im Durchmesser der Portionsschälchen ausstechen.

7. Den Boden von 4 Portionsschälchen mit je 1 Teigkreis auslegen. Nun lagenweise Joghurtcreme, Beerenobst und die restlichen Teigkreise einschichten. Den Abschluß sollen die Früchte bilden. Dann das Ganze für etwa 1½ Stunden kühl stellen.
(auf dem Foto: oben)

Sommerküche

Erdbeer-Dickmilch-Schnitten

Für 4 Portionen

Zubereitungszeit: ca. 30 Min.

Gefrierzeit: ca. 4 Std.

- 500 g Erdbeeren
- 500 g Dickmilch
- 3 EL Honig
- 200 g süße Sahne
- einige Minzeblättchen zum Garnieren

1. Die Erdbeeren waschen, putzen und in kleine Stücke schneiden. Die Dickmilch mit 2 Eßlöffeln Honig verrühren.

2. Die Sahne steifschlagen und unter die Dickmilch heben. Dann die Hälfte der Erdbeeren daruntermischen.

3. Eine Rehrückenform mit kaltem Wasser ausspülen. Die Dickmilch-Erdbeer-Masse hineinfüllen und für etwa 4 Stunden in das Tiefkühlgerät stellen. Nach etwa 30 Minuten die Masse einmal durchrühren, damit sich die Früchte gleichmäßig darin verteilen.

4. In der Zwischenzeit die restlichen Erdbeeren pürieren und mit 1 Eßlöffel Honig süßen. Das Erdbeermark kühl stellen.

5. Die Rehrückenform vor dem Servieren kurz in heißes Wasser tauchen und die festgewordene Masse auf eine Platte stürzen. Die Dickmilchspeise dann in Scheiben schneiden.

6. Jeweils 2 Scheiben zusammen mit dem Erdbeermark auf 4 Tellern anrichten. Die Erdbeer-Dickmilch-Schnitten mit einigen Minzeblättchen garniert servieren.
(auf dem Foto: unten)

VARIATION

■ *Sie können diese erfrischende Süßspeise auch mit Himbeeren oder mit einer Beerenfrüchtemischung zubereiten.*

Sommerküche

Birnen-Buttermilch-Creme

Für 4 Portionen

Zubereitungszeit: ca. 40 Min.

Kühlzeit: ca. 1 Std.

600 g Birnen

75 ml Wasser

Saft von 1 Zitrone

3 EL Honig

1 Zimtstange

2 TL Agar-Agar

150 g süße Sahne

250 g Buttermilch

½ TL Zimtpulver

2 TL Kakaopulver

100 g Walnußkerne

1. Die Birnen schälen, entkernen und in Würfel schneiden. Zusammen mit dem Wasser, dem Zitronensaft, 1 Eßlöffel Honig und der Zimtstange bei mittlerer Hitze etwa 10 Minuten köcheln lassen.

2. Die Zimtstange dann aus dem Birnenkompott nehmen und die Hälfte der Birnenwürfel beiseite legen. Die restlichen Birnen pürieren.

3. Den Agar-Agar in das Birnenpüree einrühren und alles nochmals aufkochen. Den restlichen Honig unter die Birnenmasse rühren und etwas abkühlen lassen.

4. Währenddessen die Sahne steifschlagen. Die Buttermilch, den Zimt und das Kakaopulver mit der pürierten Birnenmasse mischen. Die Sahne darunterheben und die Creme für etwa 1 Stunde kühl stellen.

5. Die Walnüsse hacken. Von der Birnen-Buttermilch-Creme Nocken abstechen. Diese auf 4 Tellern verteilen und mit den Walnüssen bestreuen. Das Ganze zusammen mit den beiseite gelegten Birnenwürfeln servieren.
(auf dem Foto: unten)

Herbstküche

Himbeerschichtspeise

Für 4 Portionen

Zubereitungszeit: ca. 45 Min.

Kühlzeit: ca. 2 Std.

¼ l Milch

2 EL Honig

Saft und Schale von ½ Zitrone

75 g Weizenvollkorngrieß

1 Ei

200 g süße Sahne

200 g Buttermilch

500 g Himbeeren

1. Die Milch zusammen mit dem Honig und der Zitronenschale zum Kochen bringen. Dann den Grieß unter Rühren hineinstreuen und das Ganze einmal aufkochen lassen. Dann den Topf vom Herd nehmen.

2. Das Ei trennen und das Eigelb unter den Grieß rühren. Die Grießmasse dann im geschlossenen Topf ohne Hitzezufuhr ausquellen lassen. Sie nach dieser Zeit mit geöffnetem Deckel abkühlen lassen.

3. Das Eiweiß zu steifem Schnee schlagen. Die Sahne in einer anderen Schüssel ebenfalls steifschlagen.

4. Die Buttermilch zusammen mit dem Zitronensaft unter die abgekühlte Grießmasse rühren. Nun zuerst die Sahne und dann den Eischnee darunterheben. Die Himbeeren waschen und verlesen.

5. Die Grießcreme und die Früchte schichtweise in 4 Glasschälchen einfüllen. Den Abschluß sollen die Himbeeren bilden. Die Schichtspeise für etwa 2 Stunden kühl stellen.
(auf dem Foto: oben)

Sommerküche

Adressenverzeichnis

Wenn Sie wissen möchten, welcher Bioland-Hof in Ihrer Nähe ist, oder wenn Sie noch spezielle Fragen zum ökologischen Landbau haben, helfen Ihnen die nachstehenden Adressen weiter. Die Bioland-Landesverbände halten umfangreiches Informationsmaterial zum regionalen Bioland-Angebot bereit, das sie Ihnen auf Anfrage gerne zusenden.

Bioland-Bundesverband

Bundesgeschäftsstelle
Nördliche Ringstraße 91
73033 Göppingen
Tel.: 0 71 61 / 9 10 12-0

Bioland-Landesverbände

Baden-Württemberg
Eugenstraße 21
72622 Nürtingen
Tel.: 0 70 22 / 93 26 60

Bayern
Auf dem Kreuz 58
86152 Augsburg
Tel.: 08 21 / 3 46 80-0

Brandenburg
Dorfstraße 15
15310 Pretschen
Tel.: 03 54 76 / 31 77

Hessen
Hintergasse 23
35325 Mücke-Ruppertenrod
Tel.: 0 64 00 / 80 84

Niedersachsen
Riepholm 10
27374 Visselhövede
Tel.: 0 42 62 / 23 06

Nordrhein-Westfalen
Im Hagen 5
59069 Hamm-Süddinker
Tel.: 0 23 85 / 18 17

Rheinland-Pfalz/Saarland
Rüdesheimer Straße 60–68
55545 Bad Kreuznach
Tel.: 06 71 / 4 43 19

Schleswig-Holstein
Kieler Straße 26
24582 Bordesholm
Tel.: 0 43 22 / 75 94-0

In der Arbeitsgemeinschaft Ökologischer Landbau (AGÖL), als gemeinsame Interessenvertretung des ökologischen Landbaus in Deutschland, sind folgende Landbauverbände organisiert:

Demeter
Bioland
Biokreis
Naturland
ANOG
BÖW (Bundesverband ökologischer Weinbau)
Gäa
Ökosiegel
Biopark

AGÖL e.V.
Brandschneise 1
64295 Darmstadt
Tel.: 0 61 55 / 20 81

Register

Alphabetisches Rezeptverzeichnis

Erklärung der farbigen Symbole:

- Frühlingsküche
- Sommerküche
- Herbstküche
- Winterküche

Rezeptverzeichnis nach Rubriken

Für einige Gerichte mit Fleisch gibt es Vorschläge für eine vegetarische Variation. Diese Rezepte sind mit ■ gekennzeichnet.

Im FALKEN Verlag sind zahlreiche Titel zum Thema „Essen und Trinken" erschienen.
Bitte fragen Sie in Ihrer Buchhandlung.

Der Verlag dankt den folgenden Personen für ihre fachliche Beratung:
Dr. Robert Hermanowski, Reinhard Langerbein, Gabriele Maier-Spohler und Eckhard Reiners (Bioland-Bundesverband, Göppingen); Monika Fritz, Fulda; Jens Witt (Öko-Partyservice Tafelfreuden, Hamburg); Dr. Inge Asendorf (Tagwerk eG, Dorfen); den Winzern Helmut Christ, Nordheim und Friedhelm Rinklin, Eichstetten sowie dem Weingut Trautwein, Bahlingen.

Dieses Buch wurde auf chlorfrei gebleichtem
und säurefreiem Papier gedruckt.

Die Deutsche Bibliothek – CIP-Einheitsaufnahme

Küster, Silke von:
Das Bioland-Kochbuch : rund ums Jahr geniessen
im Einklang mit der Natur / Silke von Küster. –
Niedernhausen/Ts. : FALKEN, 1997
ISBN 3-8068-4979-X

ISBN 3 8068 4979 X

Umschlaggestaltung: Peter Udo Pinzer
Layout: Klaus Ohl Design, Wiesbaden
Redaktion: Astrid Waller und Katja Wallenfels
Bildbeschaffung: Karin Herty
Umschlagfotos: Rezeptfotos: **TLC-Foto-Studio GmbH**, Velen-Ramsdorf (vorne: „Lammkoteletts mit Sommergemüse", Rezept Seite 107; hinten: „Fruchtiges Kürbisgemüse", Rezept Seite 66); großes Foto: **Bioland-Archiv, Robert Hermanowski** und **Christoph Ziechaus-Hartelt**; kleine Bilder v.l.n.r.: **Bioland-Archiv, Robert Hermanowski** und **Christoph Ziechaus-Hartelt; StockFood**, Eising Photos, München; **Reinhard-Tierfoto**, Heiligkreuzsteinach-Eiterbach
Rezeptfotos: TLC-Foto-Studio GmbH, Velen-Ramsdorf
Weitere Fotos im Innenteil: Bioland-Archiv, Robert Hermanowski und **Christoph Ziechaus-Hartelt**: S. 1, 2/3, 6, 7, 8, 9, 10, 12 li. u., 12 re., 14 o., 15 zweites v. o., 18/19, 19 u., 26 li., 32/33, 33 o., 42 li., 52/53, 53, 78/79, 79 u., 81, 95 re., 99, 110/111, 110, 111 und 115 re.; **Gisela Kelbert**, Idstein: S. 39 und 71; **Wolfgang Redeleit**, Bienenbüttel: S. 47; **Reinhard-Tierfoto**, Heiligkreuzsteinach-Eiterbach: S. 12 li. o., 13, 18, 19 o., 29 re., 32, 52, 55, 78 und 79 o. (Hans Reinhard); **StockFood**, München: S. 33 u. (Hans Jakobi); **Margrit Stüber**, Niedernhausen: 15 erstes, drittes und viertes v. o.; **TLC-Foto-Studio GmbH**, Velen-Ramsdorf: S. 34 re., 37 u. und 84 li.; **FALKEN Archiv: M. Brauner**: S. 34 li. und 119 re./**Eberle**: S. 13 u./**W. Feiler**: S. 68 li., 75 u., 96 li. und 106 u./**U. Kopp**: S. 27 re., 61 re., 82 li. und 101 u./ **Tessmann & Endress**: S. 25 re./**TLC**: S. 4/5, 5 re., 16, 17, 30 u., 43 re., 56 li., 65 re. und 126
Zeichnungen: Klaus Ohl Design, Wiesbaden: S. 7; **Herbert Pohle**, Taunusstein: Vignetten im Rezeptteil; **FALKEN Archiv**: B. Braun und H. Lünser: S. 11

Satz: Raasch & Partner GmbH, Neu-Isenburg
Druck: Ernst Uhl, Radolfzell

817 2635 4453 62